I0701131

GOUVERNANCE PACIFIQUE

Conflits, Stratégies de paix & Médiation

Charlotte CARON TCHEGANG

réface: **John HEWKO**
Secrétaire Général du Rotary International et
Directeur Exécutif de la Fondation Rotary

Postface: **PDG Michel P. JAZZAR**
Représentant du Rotary International auprès de la CESAO
Commission Economique et Sociale de l'Asie Ouest de l'ONU

Dépôt légal le 30 décembre 2021 en France
© Mediations-axis
ISBN 979-83-221-7295-6
EAN 9798322172956

Les possibilités de suivre l'auteur sur à travers les axes de la médiation sur le site:
mediation.axis@gmail.com

www.mediation-axis.com

GOUVERNANCE

PACIFIQUE

Les ombres de la haine divisent l'humanité…

«Il devient urgent de remplacer

la culture de haine, par une

culture de paix »

Sommaire

<u>Choisir la médiation politique et territoriale pour mieux pacifier la</u>

société

A vous

Remerciements

Je voudrais tout d'abord remercier celui sans qui ma passion pour la médiation politique n'aurait pu porter de fruits.

Patrick CARON, le meilleur ami dont on puisse rêver d'avoir.., mon frère, à l'époux toujours vigilant, attentionné, qui a sans cesse protégé le socle précaire de mon histoire, de ma vie; à ce médecin- panseur de mes blessures, qui dès notre rencontre m'a toujours encouragée à poursuivre chacun de mes rêves et à ne jamais baisser les bras.

À ma grand-mère dans l'au-delà. Je sais que tu serais fière de la femme engagée et bienveillante que je suis.

Je souhaite remercier le docteur André Kekuine, spécialisé en Sciences politiques et sociologiques, pour ses conseils édifiants concernant la coopération internationale.

À toute ma famille, à vous mes amis qui êtes si nombreux à me soutenir au quotidien dans mes démarches professionnelles, pour mes conférences! De l'Asie en l'Afrique, en passant par l'Amérique, le

Proche-Orient et bien sûr l'Europe, ma terre d'adoption. Je m'estime chanceuse de vous avoir si nombreux et je n'oserai pas vous énumérer ici, par crainte d'en oublier certains.

Je vous prie de trouver ici l'expression de ma reconnaissance pour vos appuis divers.

Bonne lecture!

Préface

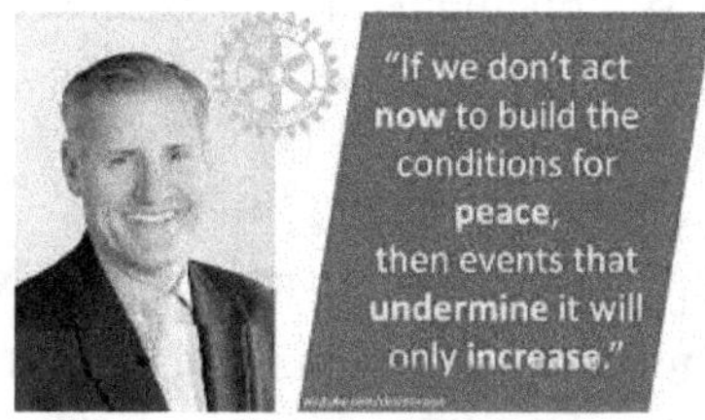

John Hewko

Secrétaire Général du Rotary International et
Directeur exécutif de la Fondation Rotary

Le fait de mettre la paix au cœur de sa mission est essentiel, car un progrès global vers ce but est loin d'être assuré. Effectivement tous les jours nous regardons des images liées aux conflits et au terrorisme, qui nous rappellent que notre monde est entrain de devenir un endroit dangereux et de plus en plus divisé.

L'impact des profonds bouleversements lié à l'instabilité sociale et politique, conséquence de la mondialisation et du rapide développement technologique n'améliore pas la vie de chacun de manière équitable. Pourtant notre monde n'a jamais été aussi prospère, et en paix qu'a n'importe quelle période de l'histoire.

En effet, depuis 1980, les guerres civiles dans les pays en développement ont été réduites de moitié et les morts en guerre de plus de 75%, bien que depuis les 70 années, on observe une réduction considérable des conflits politiques.

Malgré la baisse globale des insécurités, on constate une récente poussée des violences domestiques et du terrorisme. Le nombre de réfugiés dans le monde a atteint des proportions sans précédent.

Donc notre engagement pour la consolidation de la paix, au Rotary International nous jouons un rôle primordial, avec 1,2 million de membres à travers le monde, fermement intégrés avec la population locale. Nous sommes bien équipés pour répondre aux besoins et assurer les initiatives locales en nous assurant aussi que des résultats durables sont mis en œuvre pour les priorités nationales et locales.

Mais pour être durable, le Rotary crée un environnement propice a la paix, qui permette au potentiel humain de fleurir , en vue de fournir des rendements optimaux, considérant que si dans l'absolu les citoyens localement concernés par des causes se mobilisent alors le changement se fera mondialement.

La poursuite de la paix fait une partie de l'ADN du Rotary; c'est l'objectif qui fonde toutes nos entreprises.

En effet, l'histoire des plus grands accords visant à favoriser la paix au 20e siècle concerne aussi l'histoire des grandes décisions du Rotary International.

Bien qu'ayant une grande part de responsabilité pour la création de l'Organisation des Nations Unies, le Rotary International a influencé la Déclaration Universelle des Droits de l'Homme des Nations Unies, puis a marqué de sa présence lors de la conférence de Londres qui a conduit à la création de l'UNESCO.

Encore au 21 siècle, la paix a toujours un statut très important au Rotary International. La perception de la paix par les membres de notre organisation n'est pas un concept abstrait, mais plutôt une expression vivante et dynamique du développement humain.

La paix est la pierre angulaire de notre organisation, aussi bien qu'elle constitue le fondement de notre mission en tant qu'organisation humanitaire; elle constitue l'un de nos six domaines d'intérêt, celles qui motivent nos membres à laisser leurs empreintes dans ce monde.

Désormais, nous disposons de nouveaux outils nous permettant de mesurer et de mettre en œuvre un plan à long terme favorisant l'installation plus paisible des actions durables. Quelques-uns de ces outils sont soutenus par l'un des partenaires du Rotary, l'Institut de la Paix et l'Économie, confirmant ainsi qu'il existe des clés caractéristiques permettant de mesurer la paix dans une société.

Ces caractéristiques incluent le juste partage des ressources, une faible corruption, une bonne entente avec ses voisins et une acceptation des droits de l'autre.

La mise en place de conditions optimales pour des sociétés pacifiques conduit le Rotary international à conduire de nombreuses actions se regroupant dans six grands axes et particulièrement les activités consistant à fournir de l'eau potable afin de développer l'économie locale.

Jamais auparavant il n'y a eu autant de progrès dans la réduction de la pauvreté, l'augmentation des services sanitaires et des revenus, l'éducation et la liberté individuelle grâce aux actions du Rotary International.

À travers ses signatures, l'humanité approche la fin de la Polio; cette maladie qui a apporté la terreur pour des millions de gens sera enfin éradiquée de la surface de la Terre.

Mais comme nous le savons tous, le progrès n'est pas garanti, et tout ce que nous avons accompli durement jusqu'ici semble insignifiant face à ceux qui n'ont toujours pas bénéficié du formidable essor de ce développement humain.

Nos projets internationaux dépendent des membres du Rotary de différents pays, souvent de cultures différentes, travaillant ensemble afin d'améliorer la qualité de vie dans le pays hôte. Nos programmes pour la paix ont déjà favorisé la formation de plus de 1200 personnes afin de travailler pour ce but, et actuellement nous agrandissons notre programme pour atteindre les nouvelles générations.

Ce livre est un rappel du travail accompli pour contrer la violence et les conflits; ce travail honore nos actions individuelles et collectives passées et nous insufflant d'embrasser l'avenir avec plus détermination.

 Nous devons élever nos programmes pour la paix afin de construire les meilleures conditions pour les sociétés pacifiques de prospérer dans le second siècle du Rotary.

John Hewko

Secrétaire Général du Rotary International
et Directeur exécutif de la Fondation Rotary

Choisir la médiation politique et territoriale pour mieux pacifier la
société

Introduction

Alors que la plupart des mécanismes déployés dans le monde en vue d'une évolution moderne de la société concourent au rapprochement des peuples, ainsi qu'à d'éventuelles améliorations du niveau de vie des individus dans les territoires, on assiste à une recrudescence des conflits.

À la fin dc la guerre froide, des résolutions mises en œuvre ont laissé sous-entendre que le monde, que l'Afrique subsaharienne évoluait vers un printemps politique, à la suite des conflits qui avait fragilisé de nombreux États.

Il y a une trentaine d'années seulement, compte tenu des nombreux bouleversements qui ont secoué le monde, notamment l'un des évènements les plus marquants de notre ère que fut la chute du mur de Berlin en 1989, on entrevoyait la mort de la guerre et l'on espérait que ce fût le commencement d'un monde meilleur et coopératif.

Malheureusement, les conflits sont aujourd'hui encore de plus en plus virulents. On constate leur acuité dans de nombreuses régions allant du Yémen en l'Irak, de la Syrie au bassin du Congo, en passant par des territoires Centre-africains, puis en Afghanistan et bien au-delà.

Les conflits qui se développent rapidement dans les zones sensibles où les populations sont vulnérables bafouent davantage les droits de la personne et nous interpellent tous : politiques, organisations non gouvernementales, Institutions internationales, acteurs sociaux de tout bord, et particulièrement les médiateurs, pour jouer pleinement des partitions, chacun dans son domaine, afin de préserver et construire la paix.

Les dangers qui menacent la paix nous poussent à scruter les principaux dispositifs de gestion des conflits préconisés par les gouvernements ou les organisations non gouvernementales, afin d'y détecter les failles éventuelles qui favorisent leur persistance et qui conduisent à bafouer les droits humains.

En vertu du droit humanitaire, les gouvernements et les parties en conflit ont en principe l'obligation de protéger les civils. On a cependant le sentiment que dans certains territoires le principe d'équité qui tient compte des particularités des individus et de certains groupes sociaux n'est pas respecté, mettant souvent en évidence le mépris de l'humain.

Quelles que soient les régions concernées par les conflits ou les guerres qui risquent de dévaster l'humanité, les principales victimes collatérales sont les populations civiles et parmi elles, les femmes et les enfants. D'après diverses statistiques, les enfants seraient les plus exposés aux violences et lorsqu'on observe que la plupart des psychothérapeutes soutiennent l'hypothèse d'une « reproduction de la violence », il y a de quoi s'inquiéter davantage.

Certains techniciens comportementaux attestent aussi que « nos actions … et plus largement, notre héritage social serait en grande partie influencé par les transmissions de notre entourage familial[1] ».

Ils en déduisent que le fait d'avoir été dans l'enfance témoin de violences subies par d'autres membres de la famille serait fortement lié au fait d'en subir soi-même à l'âge adulte ou d'en faire subir, selon un phénomène de capillarité intrafamiliale qui se traduit par une forme de maltraitance psychologique issue d'une réception normale de la violence dans les relations.

Les enfants qui vivent les guerres grandissent en se faisant à l'idée qu'elle est un moyen acceptable de

---

[1] Jourdin Anne, Naulin Sidonie, « Héritage et transmission dans la sociologie de Pierre Bourdieu », *Idées économiques et sociales*, Vol.166, no. 4, 2011, pp.6-13.

régler les conflits et risquent de reproduire des comportements violents dans leur vie future.

À travers l'œuvre de la mémoire traumatique, les victimes de violence seraient colonisées par les désirs agressifs plus ou moins meurtriers de leurs agresseurs, comme s'ils émanaient de leurs propres pensées, ce qui expliquerait les comportements de la plupart d'entre elles reproduisant des situations subies dans leur enfance.

Ces allégations sont d'autant plus effrayantes que les mêmes statistiques affirment qu'un *« enfant sur six dans le monde vit dans des zones de violence »*[2]. Dans la plupart des zones en conflits, des enfants sont victimes de viol, de brulures de cigarettes et de diverses formes de tortures, allant des décharges électriques qu'ils recevraient sur les parties génitales jusqu'aux ongles arrachés, alors que certains rapports évoquent des actes d'intimidation exercés sur de jeunes hommes, souvent âgés de moins de 18 ans, pour qu'ils rejoignent les forces armées.

D'après un rapport de l'organisation non gouvernementale *Save the Children*, il n'y a jamais eu dans le monde autant d'enfants vivant dans des zones de conflit, exposés au risque d'être tués ou victimes de diverses formes de violences : « au moins

---

[2] Le figaro.fr, jeudi 16 février 2018

357 millions d'enfants vivent dans des zones de conflit »[3] (fig. 1).

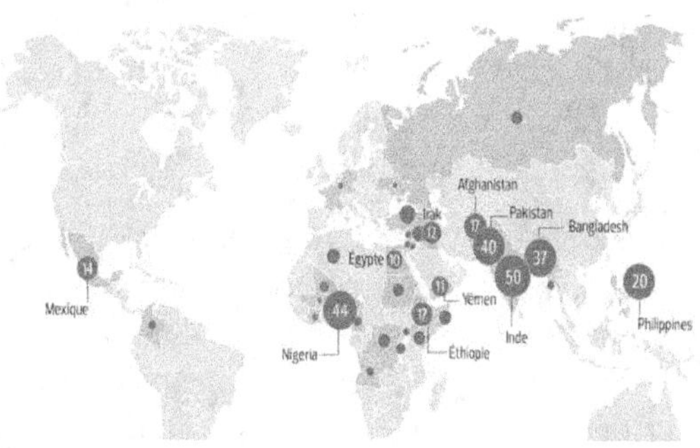

Fig. 1: **Répartition des enfants en zone de conflits dans le monde en 2016[4]**

Dans les territoires en conflit, des enfants sont souvent torturés pour faire pression sur leurs parents ou sur les gouvernements. Ils servent de boucliers humains lors d'opérations au sol menées par des forces gouvernementales, comme on a pu le constater dans la province de Homs en avril 2012, où des femmes et des enfants auraient été forcés de s'aligner entre les chars d'assaut et les soldats de l'armée régulière pour dissuader les rebelles de riposter.

---

[3] ONG *Save the Children*, Rapport, 16 février 201
[4] Le Figaro.fr

Au mois d'août 2012, dans le village de Kuferzita dans la province d'Hama, une frange de la population aurait également intercepté un grand nombre de filles et de garçons, âgés pour la plupart de 10 à 12 ans, les obligeant à se tenir face aux blindés, de chanter des chansons à la gloire du régime et d'organiser une manifestation pro Bachar.

On estime que dans le monde des dizaines de milliers de filles et de garçons sont recrutés et exploités dans le cadre des conflits. Certains d'entre eux sont recrutés de force, principalement des enfants déplacés ou vivant dans la pauvreté, plus vulnérables et plus exposés au risque de rejoindre les troupes en raison de pressions économiques et sociales.

Selon Children and armed Conflict, le nombre d'enfants recrutés par les forces armées est en augmentation. Par rapport à 2016, les cas attestés ont été multipliés par quatre en République centrafricaine et par deux en République démocratique du Congo. Le nombre de cas attestés de recrutement et d'exploitation d'enfants en Somalie, au Sud-Soudan et au Yémen se maintient à un niveau alarmant. La plupart du temps exploités sexuellement, ces enfants sont souvent des combattants, des cuisiniers, des porteurs, des messagers ou des espions.

Les statistiques font naitre des visions terribles de l'humanité, donnant l'image d'une bombe prête à tonner à tout moment, car les enfants auront tendance à reproduire les schémas dans lesquels ils ont grandi et les modes dans lesquels ils ont été sociabilisés.

Lorsqu'on ajoute que les principales zones de violence sont reconnues pour être celles qui enregistrent le plus de trafics humains, l'inquiétude pour l'avenir s'accroit d'autant.

En principe, la sécurité collective interdit tout recours à la violence, mais la mise en œuvre de processus inadaptés dans la résolution des conflits induit un climat de peur susceptible de polariser tous les dangers qui menacent la paix et même l'humanité, d'autant plus que la mauvaise gestion des risques en aval conduit aux conflits.

Compte tenu des enjeux, on constate que certains actcurs impliqués dans les crises outrepassent les règles instituées, d'où l'urgence de remettre en question les modes opératoires des gouvernants, par une réelle prise en considération des risques en aval; cette démarche permettrait de réviser en amont des dispositifs de gestion mis en œuvre lorsque les menaces sont avérées.

De ce point de vue, la fonction du médiateur prend aussi de l'importance en tant qu'acteur social, il est censé donner l'alerte sur les risques éventuels de menace pour la paix, ce qui ne l'éloigne pas de son rôle principal consistant à œuvrer pour le maintien des liens entre les individus à travers une gestion constructive des conflits.

Une telle gestion se définirait alors comme la coexistence assumée entre des individus censés collaborer et évoluer ensemble en vue d'une paix durable, quelles que soient leurs origines et leurs différences.

Les concepts de société et d'humanité impliquent une pluralité de sociétés comprises comme des identités particulières qui se sont spécifiées individuellement au cours d'une histoire propre et incitent à progresser vers une convergence de vison. La gestion constructive des conflits pourrait participer au développement des consciences vers l'idée d'unité de l'humanité, ce qui influerait sur la manière de les anticiper et de les gérer.

De ce point de vue, on ne saurait généraliser les mêmes processus de gestion des conflits à tous les territoires, encore moins à toutes les populations. Il conviendrait de circonscrire les zones et les individus, puis de restreindre les analyses pour chaque territoire au sein duquel les individus revendiquent les mêmes caractères objectifs et subjectifs d'appartenance à la société, d'autant plus que « *la race et la culture préexistent à l'individu* »[5].

---

[5] Tzvetan Todorov, Nous et les autres. La réflexion française sur la diversité culturelle, Paris, le Seuil, 1989, p. 509

Cette conception de la gestion des phénomènes humains semble si pertinente qu'elle mérite d'être adoptée pour la gestion des conflits qui sera abordée dans cet ouvrage.

En jetant un rapide coup d'œil sur la carte de la répartition des enfants en zone de conflit en 2016, on constate que plus du tiers d'entre eux font partie de la région subsaharienne. En me référant à l'adage selon lequel : « que chacun balaie devant sa porte et les rues seront nettes », j'essaierai d'apporter mon modeste coup de balai et de dépoussiérer le territoire subsaharien, une des régions du monde de plus en plus soumises à des conflits récurrents.

D'après l'Organisation des Nations Unies, presque la moitié des conflits mondiaux de ces trente dernières années se sont produits en Afrique subsaharienne, territoire au sein duquel on assiste à une progression intarissable de guérillas et de crimes transfrontaliers qui rendent la sous-région davantage vulnérable à la misère.

Pourtant, en dehors de l'oralité dont on fait son principal «handicap», la civilisation négro-africaine a su par le passé, avec la pratique de la palabre, faire ses preuves dans la préservation de la fraternité entre les individus et les peuples, notamment en matière de gestion des conflits.

En plus d'avoir été la première forme de gouvernance propre à l'humanité, la palabre a toujours été un mode de régulation sociale apte à prévenir les conflits et à maintenir des liens de solidarité et de fraternité entre les peuples négro-africains.

Désormais, la multiplicité des crises répandues à travers le territoire subsaharien interpelle quotidiennement les consciences, compte tenu de l'importance des enjeux découlant des fléaux sociaux. Elle nous invite à scruter l'évolution de la société négro-africaine pour expliciter sur les plans collectifs et individuels les postures et les attitudes des différents acteurs.

Bien que de nombreuses analyses aient déjà été menées sur les conflictualités subsahariennes récurrentes, la complexité des sujets de dispute et l'importance locale des enjeux interpellent à la poursuite l'élucidation de tous leurs méandres. On en déduira des résultats comparables à d'autres études aptes à faire évoluer des manières de penser, d'être et d'agir dans la gestion durable des risques de confrontation.

En dépit des diversités culturelles, religieuses et ethniques recensées dans les territoires subsahariens, la région est constituée de groupes sociaux qui pourraient plus ou moins faciliter une forme de globalisation des analyses nécessaires, d'autant plus que la plupart du temps ces groupes présentent certaines similitudes convergentes d'appartenance.

Pour toute démarche de gestion des conflits, il serait indispensable d'analyser au préalable un maximum de facteurs endogènes, exogènes et environnementaux qui interagissent au sein du territoire subsaharien et qui, en fin de compte, influent sur les comportements des individus en les conduisant aux affrontements.

On gardera ainsi l'espoir qu'un survol analytique de l'environnement socio-politicoculturelle et des acteurs impliqués dans les crises subsahariennes portera un coup de projecteur sur les interactions conflictuelles existantes, sur les attitudes qui provoquent les oppositions et qu'au terme de ces diverses analyses on pourra définir des options indispensables pour construire et stabiliser une paix durable.

PREMIÈRE PARTIE

L'identification du territoire et des populations

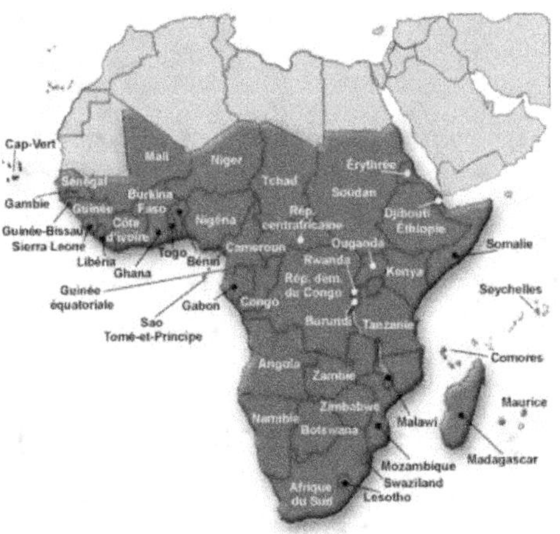

L'Afrique subsaharienne englobe le continent africain au sud du Sahara et comprend quarante-huit États, dont les frontières sont issues de la colonisation. Elle s'étend du Sénégal à l'Éthiopie en passant par le Nigeria, le Cameroun, jusqu'au Cap en Afrique du Sud (fig. 2).

Cette région s'étire d'est en ouest, de l'océan Indien à l'océan Atlantique, sur une superficie de 22.431.000 km^2, dans un continent qui en compte 30.37 millions[7].

---

[6] Images.app.goo.gl/7mnd
[7] Source : Article Afrique subsaharienne de Wikipédia en français.

Bien que très vulnérable au dérèglement climatique, la région subsaharienne de l'Afrique est riche de sa biodiversité et de ses ressources minières et forestières. En 2013, « l'Afrique a produit près de 9 millions de barils de pétrole brut par jour, soit 10% de la production mondiale. Près de 84% de cette production provient du Nigeria et de l'Angola. Pour le gaz naturel, l'Afrique a des réserves évaluées à 502 trillions de pieds cubes (Tcf). La production annuelle de gaz naturel du continent est de 6,5 Tcf. 90% de cette production provient du Nigeria. Au rythme de la production actuelle, l'Afrique dispose de 70 ans de gaz naturel »[8] (fig. 3).

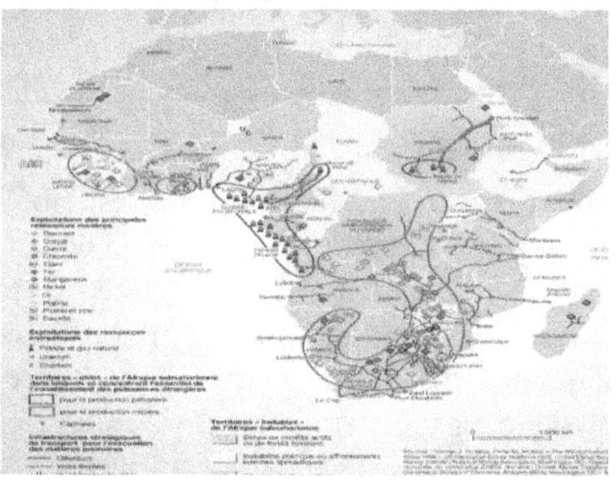

Fig. 3: production des ressources naturelles subsaharienne[9]

---

[8] British Petroleum, BP Statistical Review of World Energy, juin 2014.
[9] Georges J. Coakley, Philip M. Mobbs, "The mineral industries of Africa 1999", Us Geological Survey Yearbook, 2002,

D'après la commission économique des Nations Unies pour l'Afrique, le continent abrite 54% des réserves mondiales de platine, 78% de diamants, 40% de chrome et 28% de manganèse (fig. 4).

Des pays possédant des ressources naturelles abondantes comme la République Démocratique du Congo, la Zambie, le Mozambique, la Guinée ou la Mauritanie vivent malgré tout dans la pauvreté. « La Guinée est dotée de certaines réserves les plus convoitées de la planète, dont 40 milliards de tonnes de bauxite (la plus gigantesque du monde), plus de 20 milliards de tonnes de minerai de fer, des diamants, de l'or et des quantités indéterminées d'uranium. Pourtant selon la Banque africaine de développement, 55% des 11 millions d'habitants de la Guinée vivent dans la pauvreté. »[10]

Au regard des publications sur les exploitations minières dans le monde, le sub-Sahara détiendrait en particulier la majeure partie des réserves minières mondiales, environ 89% de la part réservée à la production africaine du platine, 81% du chrome, 61% du manganèse et du cobalt[11], pour ne citer que ces exemples.

---

[10] Kingsley Ighobor, « Ressources minières: la fin d'une malédiction?», Afrique Renouveau, avril 2014

[11] Matières premières africaines: Quels enjeux pour l'économie mondiale et les industries de défense? Par Christophe-Alexandre Paillard

En dépit du commerce illégal sans cesse croissant, la production de bois tropicaux ne représente que le cinquième de la production mondiale de bois. L'exploitation illégale du bois représentait 50% de la production totale au Cameroun, 80% au Libéria, 70% au Gabon. 73% des estimations fiables ne sont pas vraiment disponibles pour la RDC, la Sierra Leone et le Congo, mais il est possible de supposer qu'elles vont dans le sens d'un commerce illégal croissant.[12]

	Matière minière		
1	Cuivre	97 %	
2	Coltan	80 %	
3	Cobalt	50 %	63% par le bassin du Congo
4	Or	57 %	
5	Fer	20 %	
6	Uranium et phosphates	23 %	
7	Manganèse	28 %	
8	Vanadium	41 %	
9	Platine	54 %	75% par l'Afrique du Sud
10	Diamants	78 %	

[12] La Banque mondiale et du WWF, publication : article paillard : Matières premières africaines et leurs enjeux

13	Pétrole	14 %	

Fig 4 : **Taux des réserves minières africaines par rapport à celle du monde[13]**

---

[13] Publication Policy center : ressources Naturelles

I. UN PETIT APERÇU DE L'HISTOIRE DES POPULATIONS NÉGRO-AFRICAINES

Lorsqu'on parcourt d'anciennes théories, la plupart donnent à penser que l'Afrique noire n'a pas d'histoire et qu'elle ne possède pas de civilisation. Ces hypothèses découlent de la particularité de cette région du monde dont les récits basés sur la tradition orale ne peuvent être vérifiés historiquement.

Or, l'unanimité est acquise sur le fait que les plus anciens livres du monde ont été écrits en Égypte sur du papyrus, le premier papier inventé par les Égyptiens. Il devient paradoxal d'admettre que l'Afrique noire dont la civilisation découlerait en partie de l'Égypte soit dénuée de toute histoire.

En dépit de cet apriori, on lui reconnait tout de même l'originalité des peuples sans écriture dans laquelle l'homme est engagé par sa parole. Pourtant, Senghor semble assumer la plupart des préjugés en reconnaissant que « notre souci a été d'assumer cette négritude en la vivant et, l'ayant vécue, d'en approfondir le sens pour la présenter au monde comme une pierre d'angle dans l'édification de la civilisation de l'universel qui sera l'œuvre commune de toutes les races, de toutes les civilisations différentes ou ne sera pas »[14]

cependant, les négro-africains eux-mêmes se sont toujours reconnus dans une histoire plus ou moins commune, à travers un même ancêtre et des valeurs partagées. La civilisation négro-africaine a bien existé, avec une évolution sociale, des structures et des conditions de contrôle social et des individualités.

À l'origine composé d'individus d'origines diverses, le peuple négro-africain est le fruit d'une multitude d'alliances entre des populations autochtones et celles des Bantous, descendants de l'Égypte pharaonique.

Toutefois, si on considère que leurs migrations ont été consécutives à l'assèchement du Sahara et mues par la recherche de prairies, les premiers Bantous se seraient implantés en Afrique subsaharienne aux environs du troisième millénaire. Ils y auraient rencontré des nilotiques, des Sémites et les populations autochtones, dont les Hottentots, les Bochimans et les pygmées …

Les Bantous auraient vécu à l'origine dans la région du Haut Nil, territoire compris entre le 17e et

---

[14] Senghor 1964 : 9

le 21ᵉ parallèle, sur les bords de grands marécages[15] au sein du même territoire. D'autres ancêtres bantous occupaient la 5ᵉ et 6ᵉ cataracte du Nil, à une cinquantaine de kilomètres du confluent Nil-Atbara et ensemble ils formaient le royaume de Kouch-Napata-Méroé, royaume doté d'une écriture alphabétique, non encore déchiffrée à ce jour[16].

Aujourd'hui à l'origine d'un vaste métissage des populations négro-africaines, les migrations bantoues auraient commencé avant le premier millénaire, au gré d'un mouvement d'expansion initié par la Grande Dispersion, il y a environ 4000 à 5000 ans. Les populations de langues bantoues auraient par la suite progressivement quitté leur berceau originel d'Afrique Centrale de l'ouest pour gagner les régions de l'est et du sud de l'Afrique.

Les grands exodes auraient eu lieu au début de la formation du Sahara, environ 5000 ans avant notre ère, mais certains historiens pensent que les premiers Bantous se seraient installés dans la sous-région subsaharienne au cours du premier millénaire. Ils estiment que les premiers d'entre eux étaient essentiellement des hommes qui, au travers de leurs exodes, nouaient des alliances nuptiales avec les femmes autochtones. De fait, certains scientifiques sont parvenus à mettre en évidence « un gène

---

[15] R. et M. Cornevin, *Histoire de l'Afrique des origines à nos jours*, Paris, 1964, p. 58
[16] *Ibid*

apporté par les Bantous en Afrique Centrale, qui a croisé celui des pygmées. L'analyse de l'ADN mitochondrial transmise par les mères aux enfants révèle que les migrations bantoues étaient essentiellement le fait des hommes qui par exemple s'installaient et épousaient les femmes pygmées »[17].

La plupart des recherches laissent penser que les Bantous furent les premiers colons de cette région de l'Afrique et que « le métissage né des rencontres successives avec les populations locales leur a permis d'acquérir des mutations génétiques ayant favorisé l'adaptation à leurs nouveaux environnements »[18].

Dans une optique de globalisation simpliste, compte tenu du résultat de ce métissage déployé à travers les siècles et au vu des ressemblances qu'on y relève, on pourrait prétendre que les populations négro-africaines sont majoritairement proches de la culture bantoue.

Dès leur implantation dans les terres, les migrants bantous descendants des rois-forgerons d'Égypte, expérimentés dans la forge du métal, mirent en pratique leurs compétences pour fabriquer des outils indispensables à la chasse, au défrichage des clairières et des forêts fertiles. Ils pratiquaient l'élevage et

---

[17] « Bantous sans tabous », publication jeune Afrique, soutien Lluis Quintana-Murci, Chercheur au CNRS et Directeur de l'unité de génétique évolutive et humaine à l'Institut Pasteur
[18] Centre National de la Recherche Scientifique, URA 3012, 75015 Paris, France, 4 mai 2017

cultivaient la terre en rendant hommage aux esprits de leurs ancêtres, gardiens de la terre nourricière.

À l'origine, les Bantous vivaient de la récolte de fruits de mer et de coquillages du Nil qui servaient aussi de monnaie, contrairement à l'arrière région où le manioc et le mil constituaient les ressources de subsistance.

La médecine traditionnelle était assurée par des forgerons et des devins qui s'associaient aux prêtres et aux chefs traditionnels. Ils savaient trouver dans la nature des remèdes contre les maladies et les épidémies qui s'attaquaient aux populations. Ils créaient et faisaient usage des talismans pour pratiquer des rituels de guérison.

La médecine et la polygamie contribuèrent à l'accroissement de la démographie, puis à l'expansion rapide des Bantous dans le territoire subsaharien. Compte tenu des métissages, cette évolution démographique autoriserait-elle à prétendre que les Africains subsahariens contemporains sont majoritairement Bantous?

Aujourd'hui, la sous-région subsaharienne enregistre la plus forte croissance démographique du monde, dont les conséquences immédiates sont l'extrême jeunesse des populations avec des problèmes d'éducation et de manque d'emploi pour ces jeunes. D'après les statistiques onusiennes, en 2017 l'Afrique subsaharienne comptait 1.022.664.451 habitants sur 1.216 milliards pour l'ensemble du continent africain, contre 7 milliards d'habitants à travers le monde[19]. Près de 50% des habitants du continent ont moins de 20 ans et à peine 3% ont plus de 65 ans[20].

L'équilibre traditionnel ancien basé sur une natalité et une mortalité proportionnelles, bien que toutes deux élevées, auquel s'en suivait une croissance faible, est désormais rompu. En dépit de l'épidémie VIH/Sida, la mortalité a sensiblement baissé en Afrique depuis les années 1950, « alors que dans les autres régions du monde la natalité n'a pas bougé. Le résultat arithmétique est que le rythme de croissance des populations africaines a fortement augmenté »[21].

Selon les mêmes sources, la population subsaharienne doublera en 2050 et passera à 2,5 milliards d'habitants pour 9,7 milliards d'êtres humains à travers le monde. En 2100, elle constituera 40% de l'humanité.

---

[19] « World Population Prospects : The 2017 Revision », 2017, ONU (Département de l'Economie et des affaires Sociales)

[20] *Ibid*

[21] Banque mondiale 1984, Rapport sur le développement dans le monde 1984, Washington, p. 320

II. L'IDENTITE SOCIO-CULTURELLE PLUS OU MOINS APPROXIMATIVE DES PEUPLES

La « culture d'une société globale est une réalité dont les dépositaires sont conscients ». Les négro-africains reconnaissent leur diversité[22] et de cette manière ils distinguent de manière naturelle non excluante les Bassas des Luba ou des Béthés et reconnaissent souvent que leur mode de vie est différent de celui de leurs voisins, ce qui justifie le fait que les ethnologues prennent le plus souvent comme unité d'étude une société globale et sa culture. Mais certaines de ces cultures présentent évidemment des ressemblances qui permettent de les regrouper en quelques vastes unités que nous proposons d'appeler civilisation. Chacune de celles-ci résume ce qui est commun et essentiel aux différentes cultures concrètes qu'elle rassemble.

L'adaptation fondamentale d'une société au monde qui l'environne consiste à en tirer ce qui est

---

[22] *R., M. Cornevin,* Histoire de l'Afrique des origines à nos jours, *Payot, Paris, 1964*

nécessaire à la subsistance du groupe. C'est pourquoi la production des biens matériels caractérise de manière essentielle chaque culture. «Les sociétés qui utilisent des techniques semblables de production sont rangées dans une même civilisation. Selon ce critère, on peut distinguer cinq civilisations traditionnelles africaines»[23] : elles sont constituées à travers la civilisation de l'arc, des clairières, des greniers, de la lance et enfin des cités, dont la synthèse résume l'africanité qui rassemble la multiplicité des cultures traditionnelles africaines.

L'identité du peuple négro-africain s'est construite sur un système de valeurs solidaires et communautaires dont la transmission entre générations était garantie par des processus d'acculturation et de socialisation permanente qui permettaient à l'individu de trouver ses repères dans le système et d'être à son tour socialement repéré.

L'identité négro-africaine sociale et individuelle s'est souvent constituée dans la structure psychologique de la parentèle. La famille, dont les ramifications s'étendaient à la tribu, jusqu'au clan, constituait la principale référence d'appartenance de l'individu. Elle assurait aussi la fonction suprême de survie collective. Le cercle de la parentèle imposait à tout membre de la communauté le mieux placé

---

[23] H. Baumann & D. Westermann, *Les Peuples et les civilisations de l'Afrique*, Paris, 1948,

d'accorder son aide à un proche ou à un parent lorsqu'il le sollicitait.

Cette proximité suscitait un engagement affectif de chacun, le rattachant irrémédiablement à sa famille, ce qui assurait une cohésion naturelle des communautés et permettait aux membres de prendre soin les uns des autres.

La société négro-africaine était gérontocratique. L'homme le plus âgé était automatiquement le chef de la famille et assumait de fait toutes les responsabilités afférentes, mais endossait au-delà de sa famille un devoir naturel et systématique de recadrage des jeunes, de quelque communauté qu'ils fussent, en toutes les circonstances de la vie.

A. Les croyances, les coutumes et les représentations

Les religions traditionnelles africaines constituent l'ensemble des religions traditionnelles des différents peuples de l'Afrique subsaharienne[24]. « Les représentations... les rites sont des manières d'agir qui ne prennent naissance qu'au sein des groupes

---

[24] Les religions africaines comme source de valeurs de civilisation, Paris, Présence africaine, 1972, p. 426 ; Actes d'un colloque international (Cotonou, 1970)

assemblés, destinés à susciter, à entretenir ou à refaire certains états mentaux de ces groupes »[25].

Bien que leurs origines remontent à une époque très ancienne, toutes les religions africaines traditionnelles gardent le modèle d'origine dans la majorité des peuples ou ethnies : une base commune surtout centrée sur le culte des ancêtres, la croyance en la réincarnation et les pratiques initiatiques.[26]

La tradition polythéiste rappelle les origines égyptiennes de la plupart des pères fondateurs de cette société, mais les Négro-Africains ont toujours été convaincus que chaque objet possède une âme et des intentions semblables à celle des humains. La cohésion du clan a souvent reposé sur le respect de certains symboles et représentations, ce qui les a toujours motivés à conserver ces croyances animistes. Ils ont néanmoins toujours imaginé pour la plupart un Dieu créateur unique et tout-puissant, mais trop distant pour répondre immédiatement à leurs appels. Ils étaient ainsi conduits à devoir se tourner vers des intermédiaires, des entités naturelles ou surnaturelles, pour parvenir au tout-puissant créateur de l'humanité.

La plupart des négro-africains croit au monde invisible, un univers très puissant sous-tendu par des

---

[25] Emile Durkheim, *Les forces élémentaires de la vie religieuses*, « Introduction », 1912, p. 13.
[26] «Les religions africaines : tradition et modernité », dossier de Recherches africaines, n° 2, Paris, l'Harmattan, GERA, 1999, 124.

fétiches et les esprits des ancêtres qui peuvent se manifester parmi les vivants à travers les forêts, les cours d'eau, les montagnes... et même le vent. Chaque sollicitation au Dieu Tout-Puissant correspondait à travers une entité vivante à une situation se rapportant aux circonstances.

Les Négro-Africains ont toujours cru que ce monde plus ou moins imperceptible détenait non seulement des pouvoirs protecteurs sur les vivants, qu'il veillait à leur bien-être, mais qu'il pouvait aussi leur poser des problèmes lorsqu'il était mécontent de leurs comportements.

Ces croyances sont toujours d'actualité pour certains négro-africains qui, font encore confiance aux génies protecteurs incarnés dans les éléments naturels tels que les rochers ou le sens des vents, ce qui conduit encore, en fonction des circonstances, à diverses interprétations mystiques qui détournent plus au moins les objets de leur nature par destination.

Les prières adressées aux divinités étaient utilitaires et circonstancielles. Elles étaient déployées au travers d'objets magico-religieux, des fétiches et des canaux d'entités correspondant aux situations, qui permettaient aux Négro-Africains d'adresser des sacrifices et des paroles génératrices d'énergie à leurs ancêtres.

Conciliant la nature et l'homme, et insufflant à ses croyants une attitude morale envers autrui ainsi que des comportements exigeants sur le respect des conventions sociales, l'animisme est pourtant considéré comme un stade inférieur de la religion qui consiste à attribuer aux dieux ou aux esprits tous les phénomènes incompréhensibles et toutes les manifestations inexplicables de la nature.

Les croyances animistes insufflaient une vision holistique de la vie où tout interagissait et dans laquelle aucun élément de l'univers n'était indépendant. Ces manières de penser et de croire suscitaient chez le Négro-Africain la valorisation des représentations qui se diffusaient spontanément au sein de la société, le rendant dépendant de la nature et de l'environnement dans tous les aspects majeurs de sa vie quotidienne.

Ces relations partagées autour de valeurs, de symboles et de représentations propres à susciter des comportements écologiques, fondaient la conduite de la société et favorisaient les connexions qui reliaient les individus entre eux.

Les Négro-Africains entretenaient des rapports divinisés avec la terre ancestrale qui accueillait les cordons ombilicaux des générations, cette terre sacrée et inaliénable qui recevait leurs morts, éternisant ainsi les défunts dans la chaine de la vie, les statuts des individus dans leur appartenance.

En principe, les Négro-Africains n'enterraient jamais leurs morts ailleurs que sur la terre qui avait accueilli leurs ancêtres. À travers leurs croyances, ils avaient conscience que les choses comportaient une face visible et une face dissimulée, ce qui généralisait l'hypothèse que derrière l'apparence des choses et des attitudes il existe des significations cachées, non mesurables. Senghor le disait d'ailleurs très bien: «la réalité d'un être, voire d'une chose, est toujours complexe puisqu'elle est un nœud de rapports avec les réalités des autres êtres, d' autres choses... » [27].

Dès lors, le statut d'un Négro-Africain ne pouvait se déterminer autrement que par son identité culturelle et ses rapports avec ses ancêtres, ce qui rendait son sentiment d'appartenance déterminant pour son assise psychique. Ce sentiment déterminait aussi la configuration socio-émotionnelle de l'individu.

Le sentiment d'appartenance culturelle constituait chez lui un vecteur de loyauté portant au respect et à la protection des valeurs qui s'y rapportaient. La satisfaction du besoin d'appartenance donnait à l'individu la possibilité de se percevoir comme semblable aux autres membres de la même appartenance à travers la dialectique d'un « *nous* » inclusif, indispensable à différencier les spécificités de certains « *eux* » exclusifs, ce qui permet en les prônant d'affirmer sa propre culture, puis de s'affirmer soi-même.

---

[27] L. S. Senghor, *Œuvres Poétiques*, 5ᵉ éd., le Seuil, Paris, 1990, p.390

Mise en correspondance avec la vie spirituelle, cette conscience collective permettait non seulement d'assouvir les besoins identitaires des individus, mais elle agissait aussi pour parfaire la confiance et l'estime de soi.

B. Les pratiques rituelles et les représentations

De par leurs croyances, la plupart des négro-africains vivaient dans un système cosmique et l'intimité des puissances invisibles au sein desquels ils entretenaient leur foi en l'existence d'un être suprême et tout-puissant accessible par des génies.

Les individus développaient et entretenaient en permanence leur relation au divin en fonction de l'environnement. Leurs attitudes et leurs comportements restent de fait plus ou moins consciemment chargés de croyances animistes. Quand bien même ils s'occidentalisent, ils gardent souvent des réflexes marqueurs de leur appartenance.

En effet, tout évènement qui intervenait dans la vie des Négro-Africains, tout incident heureux ou malheureux dans la vie de celui-ci faisait appel à un déploiement de rites afférents, à travers des alliances sacrificielles dont les principaux objectifs visaient à éviter la rupture des équilibres avec le divin, en assurant la survie de la société.

Selon l'ampleur des circonstances, les rites permettaient de faire des sacrifices et des offrandes en faveur des ancêtres par l'intermédiaire des génies des familles ou des totems claniques des communautés.

Compte tenu de la variété des faits initiatiques, les pratiques s'étendaient sur toute la vie de l'individu, d'autant plus que jusqu'au moment de sa mort il n'était jamais pleinement accompli comme être. Les initiations favorisaient son introduction progressive dans le mystère de l'existence humaine.

Vis-à-vis des divinités, les sages et les prêtres avaient pour devoir d'initier les jeunes générations aux savoirs et aux décodages des fonctions sociales qui faisaient suite aux rites initiatiques de passage. En faveur de ces jeunes adultes, ces éclairés de la société dispensaient prioritairement des enseignements sur l'éthique et la morale, ainsi que sur l'origine du monde et de l'homme.

Fondamentaux pour la compréhension de leur histoire et pour la conscience du bien et du mal, ces enseignements continus permettaient aux jeunes de mettre le pied à l'étrier.

La vie des Négro-Africains était par conséquent ponctuée par des rites d'initiation dont les trois principaux sont les passages de la naissance, le passage à l'âge adulte, puis le passage de la mort.

Les rites de naissance rendaient hommage aux ancêtres et aux dieux pour la venue du nouveau-né, l'ancêtre réincarné dont la communauté accueillait à travers la famille l'âme de retour parmi les vivants.

On invoquait les esprits pour qu'ils accordent à cette âme réincarnée la faveur d'être maintenue dans la pureté sur terre, tout au long de sa vie. Cette vision de l'ancêtre potentiellement présent en tout être humain pourrait justifier la tendance des Négro-Africains à nommer spontanément tout inconnu «*maman* » ou « *papa* », considérant qu'à travers toute personne pourrait se cacher un proche réincarné.

Les Négro-Africains estimaient que l'âme humaine allait et venait entre les morts et les vivants, car les morts n'étaient pas morts. Au sein de la communauté, une naissance était aussi une célébration pour tout le voisinage.

Entre les rites de naissance et ceux qu'on célébrait pour les morts, les Négro-Africains procédaient aussi à des rites de fin d'adolescence ou de passage à l'âge adulte.

La majorité n'était pas une question d'âge. Tout individu était considéré comme un enfant tant qu'il n'avait pas passé le rite de passage à l'âge adulte. Les enfants des deux sexes devenaient adultes et reconnus comme tels seulement lorsqu'ils avaient accompli ces rites de transition. Senghor explique d'ailleurs que : «ces transitions ont pour but ultime l'intégration du monde terrestre dans l'univers cosmique, de l'homme en Dieu. Elles comportent non seulement l'enseignement des liens entre la terre et l'univers, la créature et son créateur, mais aussi des techniques d'intégration de l'un en l'autre. Les instruments de ces techniques d'essentialisation sont les temples et les cérémonies d'initiation avec leurs rituels : paroles, gestes, danses, chants, poème, etc. »[28].

Ces rites de transition de l'enfance à l'âge adulte comprenaient les excisions ou les circoncisions qui à l'origine, loin d'être vécues comme des actes barbares, avaient une signification sociale en ce sens qu'elles faisaient partie d'un processus d'éducation dont les principales finalités étaient exotériques.

À travers leur conception des rites de transition, les Négro-Africains partaient du principe que le Tout-Puissant créateur étant androgyne, l'homme créé à son image était lui aussi androgyne. Ainsi, «chaque être humain fut dès l'origine nanti de deux âmes de sexe différent, ou plutôt de deux principes correspondant à deux personnes distinctes à l'intérieur de chacun. Pour l'homme, l'âme femelle siégea dans le prépuce. Pour la femme, l'âme mâle fut supportée par le clitoris… La vie des hommes ne

---

[28] L.-S. Senghor, Oeuvres poétiques, Paris, le Seuil, Paris, 1990, p. 374.

pouvait s'accommoder de ces êtres doubles… »[29]. L'éventualité d'une ambigüité sexuelle les conduisait à penser qu'un flux spirituel siégeait dans le prépuce ou dans le clitoris de tout enfant. C'est pourquoi ils se proposaient de retirer ce flux à la fin de l'adolescence par l'ablation des parties génitales concernées, à travers lesquelles on libérait le sang rituel pour maintenir l'individu dans son sexe et lui donner la possibilité de s'y affirmer. Le Négro-Africain estimait que tant que l'humain n'était pas fixé dans son sexe dominant, il ne pouvait pas accéder au stade social supérieur des initiations. Cette pratique était donc censée fixer l'identité sexuelle dominante de l'individu pour le prévenir d'éventuels comportements pervers ou transgéniques.

Durant la période initiatique, on isolait le groupe de jeunes à ritualiser. Ils recevaient divers enseignements allant de la cosmogénèse aux vertus morales et à la justice, les préparant surtout à la résilience et aux comportements à adopter pour acquérir les aptitudes nécessaires au passage des rites ultérieurs d'initiation aux confréries. Ils étaient aidés par des parrains et des marraines qui marquaient leur ascendant sur leurs filleuls, avec lesquels les jeunes initiés demeuraient liés pour l'éternité.

La philosophie de vie des Négro-Africains supposait que l'humanité n'était pas reçue ou donnée au début de la vie, encore moins innée. Ils croyaient

---

[29] Dieterlen G., Essai sur la religion Bambara, PUF, 1951, p 88-89

qu'elle devait s'acquérir en permanence, qu'on ne nait pas homme, mais qu'on le devient. Les initiés devenaient donc des hommes et des femmes gardiens de la vie, des êtres de participation sur qui la société pouvait compter.

Enfin, compte tenu de l'importance qu'ils accordaient aux valeurs humaines, ils pratiquaient des rites funéraires guidés par leur croyance en l'éternité et à la réincarnation de l'âme.

La croyance selon laquelle un défunt se réincarnait à chaque naissance et retrouvait les siens suscitait une pratique rigoureuse du rite des morts par lesquels ils maintenaient un lien avec leurs proches dans l'au-delà. De là-haut, ils pouvaient participer aux côtés de leurs prédécesseurs défunts à assurer la sécurité des vivants.

C. Les rapports de l'individu négro-africain à autrui

Selon l'anthropologie négro-africaine, l'humain est un être relationnel et une promesse d'avenir. L'humain est une puissance de vie prioritairement tournée vers Dieu.

La relation de l'humain à Dieu et celle qui le rattachait à la communauté et à son environnement déterminait sa disposition et son aptitude à préserver la relation avec l'ensemble de la société.

Cette vision tri-relationnelle définissait une représentation du monde où le rapport au divin incitait chacun à voir en tout être humain un frère ou un ancêtre, un représentant de Dieu sur terre. Cette haute considération de l'humanité constituait donc le socle relationnel avec la communauté, insufflant chez tout individu le besoin d'en protéger les membres tout en préservant leur environnement commun pour le bienêtre de tous.

La tri-relationnalité du Négro-Africain mettait en exergue un personnalisme qui lui interdisait tout comportement stigmatisant ou haineux. L'humain constituant une valeur et une préoccupation centrale dans la société, rien ne devait se passer au-dessus de la personne. Aucun individu ne surpassant l'autre, chacun était enclin à se reconnaitre en tout être humain qu'il considérait à priori comme un frère ou un parent, d'autant plus que les termes « cousin » ou « oncle » n'existaient pas.

Foncièrement empathique, l'individu négro-africain éprouvait spontanément de la compassion pour l'autre et tendait à s'investir pour porter prioritairement secours aux inconnus ou aux étrangers avant de le faire pour ses proches, afin de ne pas heurter la susceptibilité d'autrui, la famille étant souvent mieux disposée et plus apte au sein de l'intimité à comprendre ce choix.

La tri-relationnalité du Négro-Africain déterminait une nature paisible, solidaire et respectueuse des autres, une personnalité apollinienne, dont le caractère bienveillant et convivial s'ouvrait à la fraternité, au respect de la vie humaine et aux valeurs maternelles que sont l'amour et l'égalité entre les individus.

Dans cette logique, les enfants d'une femme originaire d'un territoire A et mariée dans une lointaine tribu B, bien intégrée au sein de son territoire d'alliance, formaient le lien entre les deux communautés dont les membres devenaient frères de fait.

La société négro-africaine rejetait la violence et favorisait les comportements pacifiques en s'opposant de façon permanente aux discriminations diverses et aux désobéissances civiles, dans un contexte où les actions visant la transformation sociale ne contrariaient pas celles de la transformation personnelle.

Les politiques publiques proposaient des actions pour dépasser simultanément la violence sociale potentielle, visible et externe, et les éventuelles violences individuelles, internes, liées à des phénomènes psychologiques et moraux relevant de l'affect.

Cet argument sous-entend que la société négro-africaine était consciente des subjectivités qui découlaient des actions individuelles. Ainsi, l'éthique des lois traditionnelles veillait à perpétuer dans les générations successives la mémoire et le sens du bien pour consolider la société et former des acteurs bienfaisants pour l'humanité.

III. ***ORGANISATION TRADITIONNELLE DE LA SOCIÉTÉ NÉGRO-AFRICAINE***

Au sein des sociétés traditionnelles, la parentèle était l'élément fondamental de la structure sociale. L'organisation traditionnelle de la société était basée sur la reconnaissance des liens de consanguinité et d'affinités familiales des dirigeants.

En effet, le système matriarcal dont dépendait la société posait la liberté individuelle et asexuée comme une vertu majeure. Sanctuaire de l'édifice social, les femmes étaient considérées comme les chevilles ouvrières de la société et bénéficiaient des mêmes libertés que les hommes.

Avant la colonisation, la société négro-africaine avait une organisation sociale et politique structurée et divisée en tribu, dirigée par des chefs politiques et des autorités morales et spirituelles, assistés de leurs conseils.

Nécessairement respectés pour pouvoir gouverner, des codes éthiques dictaient le caractère bienveillant et protecteur des dirigeants, selon un concept de bonne gouvernance qui était culturellement ancré dans les mentalités.

La déclaration des patrimoines est un concept ancien dans la vie sociale et politique négro-africaine, ce que citait déjà Hérodote dans son prologue et dont Amos a par la suite fait une loi selon laquelle il était ordonné à « chaque Égyptien de déclarer tous les ans aux monarques, les fonds dont il tirait sa subsistance… »[30]. Celui qui ne satisfaisait pas à la loi ou ne pouvait prouver qu'il vivait par des moyens honnêtes était puni de mort. Cette sanction avait un effet dissuasif pour prévenir la délinquance, car la peine de mort était limitée en Égypte, tout comme il n'existait pas de prisons au sein de la société négro-africaine, même si certains individus outrepassaient néanmoins les règles comme dans toutes les sociétés humaines.

Tout individu était tenu d'assumer ses responsabilités, particulièrement les chefs de famille qui devaient subvenir aux besoins de leur maison. Cette obligation s'imposait à tous et même aux rois.

---

[30] Albert Desjardins, « Traité de vol dans les principales législations de l'Antiquité, éd. A. Durand et Pedone Lauriel, 1881, p. 268

D. Les institutions territoriales et supra-territoriales

Dans le système pharaonique, il fallait respecter les codes éthiques pour diriger et le gouvernant devait être instruit. Dans la République, Platon en appelle au philosophe roi :

« s'il n'arrive pas ou bien que les philosophes deviennent rois dans les États ou que ceux auxquels on donne maintenant le nom de rois et de princes ne deviennent philosophes authentiquement et comme il faut... il n'y aura pas de trêve aux maux dont souffrent les cités, pas davantage, je pense, à ceux du genre humain ! »[31].

Platon pensait qu'il fallait être philosophe pour bien gouverner et les fondements des gouvernances traditionnelles négro-africaines provenaient des divinités. Les gouvernants étaient considérés par les populations comme des demi-dieux infaillibles, souvent épris de sagesse, ce qui pourrait traduire leur disposition à œuvrer en permanence pour le bien-être des populations.

Les rois et les chefs étaient inspirés par les dieux et garants de la culture ancestrale à laquelle le peuple était attaché. Ainsi, le fonctionnement des

---

[31] Platon, *La République*, livre v, Traduction Georges Leroux, éd. Flammarion, Paris, 2002, p. 801

institutions traditionnelles obéissait à une double structuration :

1. *Le principe de verticalité*

Ce principe était basé sur l'hérédité des charges. Au sein de l'espace politique négro-africain, les institutions traditionnelles s'appuyaient sur des conventions de convenance liées à la parentèle. Les systèmes de parenté et de mariage jouaient un rôle important dans la construction des liens sociaux à laquelle s'ajoutait la priorité accordée à la gérontocratie.

2. *Le principe d'horizontalité*

Le précepte qui déterminait la participation de tous dans les prises de décisions importantes était indispensable à la cohésion sociale et à la ramification des liens. Le chef du clan étant l'autorité absolue désignée par les dieux, les chefs de famille et de lignage s'effaçaient devant lui. Chef de terre nationale, tous les membres du clan étaient ses enfants, de la même manière tous s'inclinaient devant lui.

Représenté comme une mère couchée sur le dos, allaitant ses multiples enfants sans distinction, le chef impartial et généreux demeurait équidistant de tous ses sujets.

Le chef était l'intermédiaire entre les vivants et le Dieu créateur garant du monde, un monde inachevé, confié à l'homme « qui devait apprendre à en user sans en abuser »[32], car « lui-même n'est que créature parmi d'autres créatures, une force parmi d'autres forces, ni meilleure, ni pire, ni supérieure, ni inférieure, seulement différente, ce qui n'enlève rien à son génie. C'est pourquoi un tel homme n'est jamais un individu commun, mais une personne, un faisceau de liens multiples et multiformes, un nœud de réseaux, un carrefour de forces qui doit apprendre à survivre et vivre dans un monde en perpétuel mouvement et recherche d'équilibre »[33].

Historien des traditions ethniques et claniques, l'un des rôles principaux du chef était de transmettre sous forme d'éloges l'histoire des ancêtres divinisés afin de maintenir la cohésion entre le monde des vivants et celui des morts.

Rassembleur et fin négociateur, le roi régnait et la coutume gouvernait à travers les divinités.

À sa cour, il était entouré des modèles de vertu sélectionnés parmi des fils de prêtres et de sages, en référence aux codes éthiques de «sagesse». Empreint de virtuosité, le conseil était constitué de confidents du chef, de ministres et de prêtres, des hommes de

---

[32] J. Clammer, «La politique animiste», in Interculture, cahier n° 137, avril 2000, p. 21- 45

[33] «Inde : les cycles de la réincarnation», in Le Courrier de /'Unesco, mars 1998, p. 14-1

droit, des commerçants et des communicateurs, tous historiens de renom et veilleurs de feu sacré.

Par leurs qualités de négociateurs et leurs facultés multi_linguistes, les commerçants étaient des plénipotentiaires qui jouaient un rôle important en cas de conflits transfrontaliers. Les règles de leur fonction étant régies par des lois, les négociateurs ne pouvaient pas agir selon leur gré, encore moins prendre des décisions par caprice ou par passion, ou émettre des sentences émanant de raisons injustes.

Tout responsable était tenu d'agir en conformité avec les lois et coutumes, au cas par cas, ce qui le préservait de toute action blâmable.

La succession à la tête des institutions était héréditaire, la charge étant naturellement transmise à l'un des descendants, celui préparé pour assurer la continuité des œuvres de ses ancêtres.

LA DÉMOCRATIE TRADITIONNELLE AU SEIN DES SOCIÉTÉS NÉGRO-AFRICAINES

Depuis des temps immémoriaux, les sociétés négro-africaines développaient pour la gestion des personnes et des biens des systèmes de gouvernance participatifs et directifs, non majoritaires, qui permettaient d'éviter l'anarchie.

Le modèle démocratique négro-africain se voulait inclusif et préventif des conflits. Il promouvait l'inclusion de tous les clans et territoires, tout en intégrant les jeunes et les femmes dans le processus décisionnel.

Ce modèle de gouvernement rejoignait celui préconisé par Platon qui écrit : « il faut que cet ensemble [Pouvoir, Politique et philosophie] se rencontre sur la même tête. S'il n'arrive pas d'autre part, qu'aux gens cheminant de nos jours vers l'un de ces buts à l'exclusion de l'autre... il n'y aura pas de trêve aux maux dont souffrent les États, pas davantage, je pense à ceux du genre humain»[34].

Tous les individus étant égaux, la démocratie traditionnelle négro-africaine refusait toute distinction entre des populations majeures et des populations mineures, à l'inverse de ce qu'on a constaté dans le conflit entre les ethnies Hutus et Tutsis au Rwanda, où l'on a pu réellement réaliser les conséquences imputables à ce type de stigmatisation, souvent exacerbé par d'autres idéologies exogènes, masquées par des prétextes ethniques.

Au sein des sociétés traditionnelles négro-africaines, les fondements de la démocratie venaient du bas et les différences hiérarchiques ne constituaient pas un frein à la concertation. Les dirigeants ont toujours écarté le système

---

[34] Platon, La République, V, 473 c-d

concentrique, estimant que le fait de différencier les populations pouvait être source de confrontations.

Le système étant consensuel, tout se réglait et se transmettait par la parole selon des rapports de discussion au sein desquels les personnes peu éloquentes se faisaient représenter par des poètes ou des griots. Les problèmes secrets étaient traités en langage codé à travers divers adages et proverbes, compris des seuls initiés. La vision du monde était diffusée dans les langues traditionnelles et chaque individu était présent aux assemblées en fonction de son territoire ou de sa catégorie socioprofessionnelle.

De manière générale, la plupart des projets évoqués en réunion au sein des gouvernements portaient sur le développement social et humain, avant d'être soumis aux populations lors des palabres pour qu'elles les discutent et analysent leurs éventuels impacts environnementaux et mesurent les possibles réactions des esprits vis-à-vis des projets.

Chacun pouvait apporter son avis aux discussions, participer à l'avancement de la communauté et recevoir la reconnaissance du groupe. La valorisation de l'individu constituait un élément fondamental de son épanouissement personnel.

Les lois étaient appliquées sans distinction de groupes d'appartenance et les populations avaient la liberté de poser directement des questions aux dirigeants, tenus d'y répondre immédiatement lors de la palabre, dans un dialogue franc entre gouvernants et gouvernés.

Au cours des palabres, les populations observaient et discutaient des modalités et des finalités potentielles de tout projet de changement en mettant l'accent sur le long terme. Dans son rapport à l'environnement, le Négro-Africain obéissait à des pactes divins qui l'obligeaient à transformer sans détruire et à changer les choses dans la continuité, de sorte que « ce respect des choses et des êtres donnait à l'univers sa stabilité et à l'être son équilibre, lié à celui de l'univers qui le porte »[35].

Souvent liée à ce qu'on nomme aujourd'hui le développement durable, la réalisation des projets communs dépendait de l'adhésion des populations qui, en cas d'accord, s'engageaient dans la mise en œuvre des activités. Ce modèle démocratique favorisait la coexistence pacifique au sein des territoires constitués, et au-delà des frontières, sur la base de la toile communautaire préservée par la parentèle.

Cette toile communautaire était maintenue de façon permanente par une volonté de tisser des liens fraternels plus larges. Lors de l'intronisation d'un chef, ses homologues, chefs des tribus voisines, lui

---

[35] Boubou Hama cité par Zanga Youssouf Sanogo & Nabé –Vincent Coulibaly, « Croyances animistes et développement en Afrique subsaharienne », *Horizons philosophiques*, vol. 13no. 2, printemps 2013

offraient leurs plus belles princesses comme épouses pour témoigner leur sympathie à l'égard de leur nouveau pair.

Ces mariages avaient pour effet de favoriser l'extension de la parentèle au-delà des frontières et de tenir les deux tribus réunies et soudées par leur descendance. On ne pouvait pas envisager de conflits au sein d'une parentèle, même élargie à d'autres tribus. On ne pouvait envisager de partir en guerre contre les parents de ses neveux, au risque de détruire les familles proches de ses descendants.

À travers les migrations, les individus exportaient naturellement ces valeurs traditionnelles de tempérance, de solidarité et de respect de l'autre dans les autres territoires.

LA GESTION DES DIFFÉRENDS

Quelles que soient les régions, les relations humaines ont toujours été source de conflits potentiels et les sociétés traditionnelles négro-africaines ne faisaient pas exception. La vie ne fut pas toujours paisible au sein des territoires subsahariens; mais, quel que soit son statut, l'individu était partie prenante de la culture de paix et de la cohésion de la société.

Étant donné que la coexistence pacifique constituait la colonne vertébrale de leurs Institutions, les sociétés négro-africaines disposaient de mécanismes variés et de modes ancestraux de gestion des conflits qu'elles appliquaient en toutes circonstances pour maintenir la paix entre les populations. La palabre était notamment inscrite dans les mécanismes de gouvernance et constituait le mode de régulation de la vie sociale.

Première éducatrice du futur adulte et conseillère de son époux, pilier des rapports au sein de la famille, puis de la société, la femme jouait un rôle actif dans la consolidation des solidarités dans l'harmonie sociale. Agente de paix, elle inculquait aux enfants dès leur tendre enfance les valeurs essentielles, en particulier celles du partage et du respect d'autrui.

Les valeurs traditionnelles de paix étaient aussi transmises aux nouvelles générations par tout adulte au sein des familles et particulièrement par les sages à travers leurs récits légendaires.

La parole du plus âgé de la classe d'âge ou celle du griot avait un pouvoir magique, celui de dire et de savoir dire les choses qui établissaient et préservaient les liens entre les peuples. Toute circonstance présentait une occasion de dire des choses. On pouvait dire pour prévenir ou mettre en garde, pour instruire les assemblées ou pour accuser.

En fonction des situations, on pouvait distinguer trois manières topiques de dire par la palabre; ainsi on avait:

1. La palabre éducative

C'est une manière de dire qui visait à promouvoir promouvait l'instruction et la culture des populations autour de la vie du village ou du clan. Elle enseignait les manières d'invoquer les puissances surnaturelles, de transmettre des sollicitations aux ancêtres ou de présenter des offrandes aux divinités.

Cette palabre permettait de transmettre aux jeunes générations la pratique des rites et des coutumes tribales qui les unissaient dans leur appartenance culturelle. L'objectif était de préserver les liens entre les individus, leurs ancêtres et les dieux.

2. La palabre irénique

Celle-ci était mise en œuvre dans l'optique d' éduquer les personnes sur la nécessité de prévenir les conflits en leur inculquant les bons comportements à l'aide de paraboles, de proverbes et d'adages traditionnels.

La prévention des conflits ayant toujours été un souci permanent au sein des sociétés négro-africaines, la palabre irénique aidait à les tenir en dehors des crises. Elle était déployée à chaque occasion de rassemblement, des naissances, des décès ou des mariages et d'autres assemblées au cours desquelles les sages n'hésitaient pas à prévenir et à instruire la population.

Au cours d'une cérémonie de mariage, la palabre irénique consistait à mettre en garde les époux et l'ensemble des familles, ainsi que les convives contre les risques liés à la coexistence naissante du couple,en attirant l'attention de chacun, selon son statut, sur le rôle qu'il avait à jouer auprès des jeunes mariés, afin de préserver la longévité de leur alliance, car le mariage n'était pas simplement un engagement entre deux individus. Les proches et les familles avaient leur part de responsabilité dans une vie paisible au sein du couple, d'autant plus que le divorce était inconnu, voire inexistant.

Dans un contexte où il n'existait pas de sécurité sociale, encore moins de systèmes d'assurance, la palabre irénique enseignait surtout une manière du vivre ensemble dans la solidarité et le partage. Les familles étaient spontanément impliquées dans tout évènement survenant chez leurs voisins ou chez les voisins de leurs proches, que les circonstances fussent heureuses ou malheureuses.

Ainsi toutes les difficultés et les accidents de la vie trouvaient des solutions collectives. À l'occasion des mariages et des naissances, la communauté était tenue d'apporter sa contribution aux besoins des nouveau-nés ou à ceux des parents, à travers l'assistance morale ou en participant à la construction matérielle du foyer des jeunes mariés.

3. *La palabre agonistique*

Cette palabre se ployait par un dispositif à la fois rénovateur et curatif qui favorisait le traitement des problèmes en réactivant les liens distendus entre les protagonistes, car en dépit des nombreux moyens de prévention, certains individus s'entêtaient et allaient jusqu'aux conflits.

Dès le moindre surgissement de mésentente, la mise en œuvre de la palabre agonistique faisait suite aux plaintes des protagonistes, de leurs proches ou de leur voisinage. Les sages usaient souvent de moyens de dissuasion coercitifs pour calmer les « inconscients » comme ce fut parfois le cas au sein de certaines tribus où des chefs n'hésitaient pas à transmettre une quantité symbolique de flèches ainsi que deux gerbes de blé à celui d'une autre tribu pour lui déclarer la guerre.

Si l'émissaire de la première tribu ramenait une seule des gerbes de blé et la même quantité de flèches, le chef pouvait en déduire que son « adversaire » était dans une logique de résolution non violente du différend.

Cette démarche dissuasive donnait la possibilité aux deux camps de se concerter sur l'objet du litige en organisant une palabre en terrain neutre, éventuellement à la frontière des deux territoires, pour des échanges pacifiques. Par cette négociation douce, les protagonistes pouvaient mieux réfléchir aux éventuels impacts consécutifs à leur dispute, ainsi qu'aux alliances à préserver avant de s'y engager effectivement.

L'échec des négociations pouvait aboutir à la mise en œuvre de pratiques magico-religieuses conventionnelles pour apaiser les velléités des protagonistes, mais en cas d'entêtement le litige ouvrait alors sur la tenue de la palabre agonistique. Une médiation était mise en œuvre par des tiers, sages et faiseurs de paix, qui servaient de courroie de transmission entre les protagonistes pour faciliter la communication.

Les médiateurs des sociétés traditionnelles étaient des personnes patientes, flexibles et surtout réalistes. Fins stratèges, ils étaient reconnus pour leur expertise concernant les traditions historiques et bénéficiaient en outre des pouvoirs de la toute-puissance divine pour agir.

En plus de l'utilisation des écorces mystiques dont ils se servaient pour orienter leurs inspirations, ces sages largement instruits en matière de droit coutumier maitrisaient les techniques ancestrales de l'histoire et de la culture des groupes en présence.

Les médiateurs étaient ouverts aux concessions indispensables à la conclusion des accords qui, bien qu'oraux, étaient marqués du sceau de la sacralité, les Négro-Africains étant culturellement engagés par la parole.

Le principe de neutralité des médiateurs leur interdisait toute alliance avec un groupe en conflit, leur imposant un devoir de réserve ou de retrait en cas d'implications personnelles.

À l'issue de la médiation et selon son résultat, les sages se concertaient et décidaient de la mise en œuvre d'une palabre de pardon au cours de laquelle le fautif et la victime se demandaient mutuellement pardon. La victime pouvait réhabiliter le fautif en accusant les mauvais esprits de l'avoir dérouté et ce dernier se noyait dans la désolation et le regret en attribuant aussi la responsabilité de son écart de conduite aux mauvais esprits.

Cette confusion dans le pardon était une palabre novatrice qui visait à rétablir l'harmonie entre les parties impliquées et leurs proches, sans déterminer de gagnants ni de perdants entre frères. Avec pour objectif d'œuvrer pour la collaboration et perpétuer la cohésion entre les générations, la palabre novatrice favorisait la disparition du malentendu en évitant la rancune du vaincu contre le vainqueur et vice-versa.

Lorsque des récalcitrants intrépides restaient tout de même fermés à la négociation de leurs différends par les médiateurs, ils étaient jugés et risquaient des sentences plus au moins graves, allant du paiement d'amendes à l'exclusion définitive de la communauté ou plus exceptionnellement à la peine de mort.

Les deux dernières sentences étaient des plus sévères et fortement dissuasives, car on n'excluait pas sans conséquence un individu de sa communauté. Lorsqu'ils étaient bannis, les parias et leurs familles ne résistaient ni psychologiquement ni physiquement aux représailles de la population au sortir d'un village, obligés de se réfugier dans les montagnes de la « poisse » où ils mourraient dans des délais très courts.

De manière générale, le règlement des conflits était par conséquent déployé de manière douce comme c'était le cas chez les Himbas, une tribu de Namibie en Afrique australe. Lorsqu'un individu commettait un crime ou un acte social aberrant, il était appelé au centre du village où les gens de la communauté formaient un cercle autour de lui et lui chantaient sa chanson de naissance, car la tribu considérait que la correction d'un comportement antisocial ne passait pas par la punition, mais par l'amour et le rappel de l'identité. Écoutant et reconnaissant publiquement le son de sa propre chanson, le délinquant n'avait plus envie ou besoin de faire quoi que ce soit de nuisible contre l'autre.

En principe, la date de naissance d'un enfant était fixée non pas au moment de sa venue au monde ni à celui de sa conception, mais dès le jour où il avait été pensé dans l'esprit de sa mère. Dès lors qu'elle avait décidé d'avoir un enfant, elle s'installait et se reposait sous un arbre, puis elle écoutait le silence jusqu'à ce qu'elle entende la chanson de l'enfant qui demandait à naitre. La future mère allait vers l'homme qu'elle avait choisi pour père et lui enseignait la chanson de leur futur enfant. Le couple chantait ensemble cette chanson à chaque fois qu'ils faisaient l'amour, pour inviter l'enfant à venir. Lorsque la femme tombait enceinte, celle-ci enseignait le chant de l'enfant aux sages-femmes, ainsi qu'aux aînées du village pour qu'elles la chantent à la naissance du bébé en signe d'accueil.

À mesure que l'enfant grandissait, les autres villageois apprenaient sa chanson pour encourager ses premiers pas, pour soigner ses blessures, pour l'honorer à la suite de ses rites de passage d'adulte et dans tous les moments importants de sa vie. Lors des mariages, les chansons de naissance étaient chantées et, devenu vieux, couché dans son lit, le mourant écoutait encore chanter sa chanson de naissance pour la dernière fois par tous les villageois.

D'après cette brève ébauche sur le mode de vie d'origine des négro-africains, on peut retenir à quel point cette société fut empreinte de solidarité; une civilisation pacifique humaniste estampillée par l'entraide permettait aux individus de pouvoir se forger une identité cohérente et de se réaliser (voir figure ci-dessous). Paisible et tellurique, la société négro-africaine formait un ensemble au sein du laquel le « nous » prévalait et le l'ensemble était tourné vers la satisfaction des besoins humains essentiels des individus en vue du bien-être collectif, d'autant plus qu'une des principales inquiétudes des populations dont la sécurité était assurée par les génies protecteurs se portait principalement sur le manque de gibier et la survenance de maladies graves.

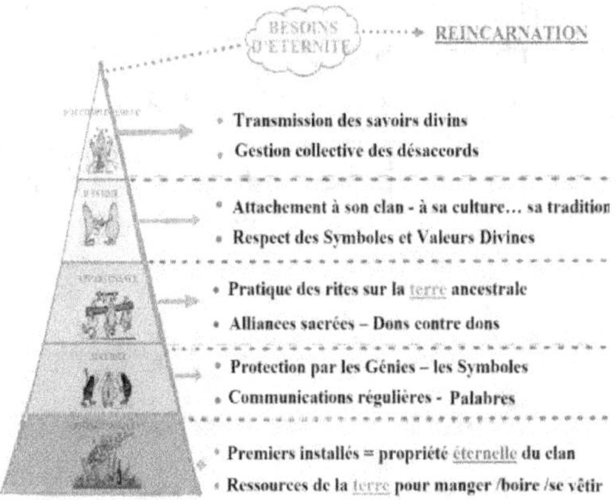

<u>Fig. 5 :</u> <u>Besoins fondamentaux de l'individu négro-africain avant les explorations occidentales</u>

Puis les explorateurs occidentaux sont arrivés…

Ils constatèrent que les Africains ne communiquaient pas par écrit. Sur la considération que toute civilisation s'appuyant sur une culture devait faire usage d'une langue écrite comme véhicule d'expression et de communication, la civilisation négro-africaine fut reléguée au rang de folklore.

Ce mille-feuille civilisationnel incite les historiens à nous rappeler à quel point les sociétés colonisées actuelles sont le produit d'une double histoire, et multiple histoire. En Afrique subsaharienne, de « sociétés si stables et si immobiles en apparence …résultèrent toutes, ou presque toutes, des combinaisons variables de peuples divers que l'histoire a heurtés, brassés, superposés »[36]. En effet, il devient indispensable que toute étude portée sur la civilisation négro-africaine soit désormais largement marquée par les diverses influences occidentales et tienne compte de sa double histoire.

---

[36] R. Montagne, « Le Bilan de l'œuvre européenne au-delà des mers », in Peuples d'Outre-Mer et Civilisation Occidentale, Semaines Sociales de France, 1948.

DEUXIÈME PARTIE

L'influence occidentale
sur l'environnement
négro-africain

Certaines Recherches menées par Cheick Anta Diop affirmant l'antériorité de la civilisation égyptienne par rapport à celle de la Grèce antique sont controversées, alors que d'autres sociologues attestent que la Grèce antique aurait puisé beaucoup d'éléments de sa civilisation, même le culte des dieux, dans la civilisation égyptienne. Persuadé que l'Égypte est la mère lointaine de la science et de la culture occidentale, cet anthropologue n'a eu de cesse d'essayer de montrer l'influence de la pensée égyptienne sur la philosophie grecque, bien qu'affirmant tout de même sa spécificité propre. Autant que la technologie et la science modernes viennent de l'Europe, autant dans l'Antiquité le savoir universel découlait de la vallée du Nil vers le reste du monde, en particulier vers la Grèce qui servira de maillon intermédiaire. Il y a donc eu transmission des valeurs culturelles et des connaissances d'Égypte vers la Grèce et de la Grèce au monde [37].

Pourtant, dès les premières explorations menées dans les régions subsahariennes de l'Afrique, le monde occidental s'est construit des représentations erronées sur l'environnement socioculturel africain, ainsi que sur les individus considérés comme des sauvages auxquels on déniait toute préoccupation étrangère au problème de survie au quotidien.

---

[37] Cheikh Anta Diop, Civilisation ou Barbarie, Présence africaine, juillet 2000, page 12

Dès les premiers contacts, les Négro-Africains furent d'emblée considérés par les explorateurs occidentaux comme ayant un degré d'avancement inférieur sur l'échelle « *de l'évolution sociale* ».

Pour déterminer des causes imputables aux différences de développement entre les sociétés occidentales et africaines, des recherches furent menées par des « savants » pour démontrer les écarts civilisationnels et humains « *systématiques* », notamment à partir des considérations concernant les volumes crâniens.

Récemment encore, d'autres recherches conduites par l'un des plus grands biologistes du 20ᵉ siècle, le prix Nobel James Watson, le conduisaient à déclarer que les sujets d'origine africaine ont de moins bons résultats aux tests d'intelligence que les Européens et les Asiatiques de l'est.

Préoccupée à justifier le point de vue réactionnaire du colonialisme, l'anthropologie anglo-saxonne contemporaine présenta longtemps l'Afrique comme le refuge des peuples arriérés, devant être ramenés de force à "l'humaine civilisation colonialiste". Les recherches allaient bon train pour constituer des preuves démontrant la supériorité des Occidentaux sur les Négro-Africains, en dévalorisant leurs organisations sociales et certaines incidences culturelles.

Jusqu'à la Première Guerre mondiale, la vision qu'a eue l'opinion publique sur le Négro-Africain était avant tout celle du primitif, du « bon sauvage » rousseauiste ou de l'effrayant cannibale selon les commentateurs ou les familles de pensées. Depuis Pierre Loti décrivant une "Afrique mortifère, pestiférée et dangereuse" dans le *Roman d'un Spahi* en 1881, jusqu'à Ernest Pischari qui en 1914, dans *Le voyage du centurion*, fait au contraire du continent noir la terre rédemptrice de la décadence occidentale, on assiste à un racisme de l'ignorance véhiculé par la littérature exotique et coloniale.

Par la suite, une majorité d'acteurs issus des champs politiques, économiques et religieux parvinrent à dépeindre l'image d'une Afrique subsaharienne arriérée, aux mœurs barbares, dépourvue d'histoire et de civilisation. Au concert des Nations, les absents ont eu tort et pour preuve les Négro-Africains n'ont pas écrit leur histoire. « Lorsque tu écris l'histoire de ta vie, ne laisse jamais une autre personne tenir la plume pour toi »[38].

À travers leurs récits destinés au public des métropoles occidentales, les premiers explorateurs diffusèrent des images péjoratives et méprisantes des indigènes négro-africains, s'efforçant inlassablement d'exacerber les préjugés au point de les ancrer dans les consciences au fil des siècles. On pourrait désormais se demander si ces préjugés consentent à penser que « celui qui veut assassiner un peuple,

---

[38] Auteur inconnu

détruira son âme, profanera ses croyances, ses religions, niera sa culture et son histoire »[39].

Au XVIIIe siècle encore, des philosophes des Lumières étaient persuadés que les nations détentrices de la civilisation avaient le « devoir » d'étendre la civilisation occidentale au monde entier, indépendamment de la réalité sociale et des spécificités des populations qui devaient en bénéficier. Ce fut le point de départ de la croisade pour l'humanisation par « l'acculturation » des peuples « marginaux », des peuples restés à l'état de «peuples-matières premières », de peuples attendant d'être usinés dans la Grande Fabrique des hommes civilisés… puis vint l'ouverture des portes aux interférences diverses qu'allait connaitre la civilisation négro-africaine.

---

[39] Jean-Marie Adé Adiaffi, La carte d'identité, Hatier, 1980, Paris, p.6

I-   Les interventions

« civilisationnistes »

Bien que les intentions civilisatrices aient été officiellement exhibées comme une volonté d'expansion des idéaux républicains aux fins de faire germer dans les territoires les droits naturels, officieusement, l'entreprise fut prioritairement motivée par une idéologie colonisatrice.

La période précoloniale fut une époque charnière pour les puissances britanniques, allemandes et françaises dans une Europe déchirée par les conflits, avec la manifestation d'une volonté de contrôler de nouvelles zones d'influence. Une poignée d'aventuriers explora l'Afrique pour démontrer que des relations commerciales égalitaires étaient possibles avec les peuples d'un continent nimbé de mystère.

Les premières intrusions occidentales en Afrique subsaharienne furent davantage motivées par des besoins de conquête géostratégique et économique en faveur des nations occidentales que pour le besoin d'expansion de l'universalisme républicain.

Sous prétexte que la culture et la technologie conféraient une indiscutable supériorité à ceux qui les véhiculaient et les possédaient, la colonisation trouva sa justification dans l'image des peuples « non civilisés et incapables de se développer par eux-mêmes » que les « races supérieures » avaient le « devoir » de prendre en charge.

La « mission civilisatrice » opposait les sociétés traditionnelles aux sociétés modernes en hiérarchisant les populations selon leur degré présumé de civilisation, prenant en considération l'hypothèse selon laquelle l'accroissement des connaissances occidentales rendrait les Négro-Africains capables de se délivrer des limbes de l'irrationalité et de l'obscurantisme.

« Nous acceptions d'être une « table rase », une race, presqu'un continent qui, … n'aurait rien pensé, rien senti, rien écrit. Un néant au fond de l'abime qui ne savait qu'implorer et recevoir : une cire molle dans les mains des dieux blancs, aux yeux de ciel bleu »[40].

Cependant, face à un adversaire de taille qu'était George Clemenceau, Jules Ferry scandait que les bienfaits économiques, humanitaires et stratégiques du colonialisme justifiaient le besoin de coloniser : «Je disais, pour appuyer cette proposition, à savoir qu'en fait, comme on le dit, la politique d'expansion coloniale est un système politique et économique, je disais qu'on pouvait rattacher ce système à trois ordres d'idées : à des idées économiques, à des idées

---

[40] Léopold S. Senghor, La poésie de l'action, Conversation avec Mohamed Aziza, Paris, Stock, 1980, p. 37

de civilisation de la plus haute portée et à des idées d'ordre politique et patriotique.

Sur le terrain économique, répliquait-il, je me suis permis de placer devant vous, en les appuyant de quelques chiffres, les considérations qui justifient la politique d'expansion coloniale au point de vue de ce besoin de plus en plus impérieusement senti par les populations industrielles de l'Europe et particulièrement de notre riche et laborieux pays de France, le besoin de débouchés. ...

Oui, ce qui manque à notre grande industrie, que les traités de 1860 ont irrévocablement dirigée dans la voie de l'exportation, ce qui lui manque de plus en plus ce sont les débouchés.

Pourquoi ? Parce qu'à côté d'elle l'Allemagne se couvre de barrières, parce qu'au-delà de l'océan les États-Unis d'Amérique sont devenus protectionnistes et protectionnistes à outrance parce que non seulement ces grands marchés, je ne dis pas se ferment, mais se rétrécissent, deviennent de plus en plus difficiles à atteindre pour nos produits industriels, parce que ces grands États commencent à verser sur nos propres marchés des produits qu'on n'y voyait pas autrefois. Ce n'est pas une vérité seulement pour l'agriculture qui a été si cruellement éprouvée et pour laquelle la concurrence n'est plus limitée à ce cercle des grands États européens pour lesquels avaient été édifiées les anciennes théories économiques. Aujourd'hui, vous ne l'ignorez pas, la concurrence, la loi de l'offre et de la demande, la liberté des échanges, l'influence des spéculations, tout cela rayonne dans un cercle qui s'étend jusqu'aux extrémités du monde»[41].

Comme la plupart des colonialistes, Jules Ferry voit à travers les colonies des débouchés lucratifs, des placements de capitaux, des rades d'approvisionnements, de ravitaillement, ainsi que des postes de défense. Il n'hésite pas à clamer que : « la politique coloniale est fille de la politique industrielle »[42], confirmant que derrière la mission colonisatrice se trouvait prioritairement la volonté particulière de développer l'économie française.

L'abolition de l'esclavage en France, où ont été proclamés les droits de l'homme, puis l'indépendance des États-Unis marquent le point de départ de la colonisation des territoires subsahariens.

Aux États-Unis, l'esclavage avait fait la fortune de nombreux Occidentaux. À la suite de son abolition échelonnée dans le monde occidental entre 1784 et 1867, puis avec « la nécessité pour les puissances occidentales de maintenir leur prestige[43] », il est devenu urgent de trouver de nouveaux débouchés pour maintenir les économies. L'esclavage fut donc

---

[41] Jules Ferry: Les fondements de la politique coloniale, 28/07/1885
[42] P. Leroy-Beaulieu, De la colonisation chez les peuples modernes, 1874, 1re éd., J. Ferry, Préface à Le Tonkin et la Mère-Patrie, 1890
[43] R. Kennedy, « The colonial crisis and the future », in The Science of man in the World crisis, Éditions R. Linton, 1945, p. 312 à 318.

remplacé par l'exploitation des richesses naturelles bon marché de l'Afrique.

Ainsi, « la politique coloniale naquit du monopole de l'exportation des capitaux et de la recherche des zones d'influence économique ».

Compte tenu des premières résistances rencontrées auprès des indigènes, les colonisateurs qui avaient constaté l'existence du rapport entre les Négro-Africains et les divinités habillèrent leur démarche laïque de prétextes religieux portés par les missionnaires catholiques et protestants.

Bien que n'admettant pas de pratiques magiques comme c'est le cas au sein d'autres religions telles que l'Islam, où la pratique et l'utilisation des talismans se rapprochent quelque peu de l'animisme, la doctrine chrétienne conquit quelques esprits et contribua à faciliter la pénétration coloniale au sein des territoires subsahariens.

Lors de la conférence de Berlin de 1885, le rôle des missionnaires chrétiens fut approuvé dans l'entreprise coloniale par un statut officiel accompagné « d'exhortations » diverses telles que : «les grandes puissances coloniales de l'Afrique devront s'engager à favoriser les Institutions religieuses qui tendront à conduire les indigènes dans la voie du progrès de la civilisation»[44].

---

[44] Pierre Soumille, « L'influence des Églises chrétiennes et le rôle des missions dans l'enseignement au Congo belge et dans l'AEF de 1946 à

Privée de légitimité au départ, la démarche coloniale trouvait sa justification dans cette déclaration qui bafouait les droits des peuples africains. La légitimation du droit des Européens à la conquête coloniale a fait passer au second plan les besoins des « indigènes », contrairement aux articles de la Déclaration des droits de l'homme qui dénonce les ingérences et revendique la liberté pour chacun « *de disposer de lui-même* ».

Dans le même temps, la mission civilisatrice progressa dans les territoires africains en important de nouvelles habitudes dans la culture locale, notamment l'écriture qui refaçonna les modes de communication entre les individus, puis entre les peuples, ce qui participa à la transformation de la valeur fondamentale de l'engagement du Négro-Africain par la parole, faisant désormais foi au papier.

Avant de parvenir à installer le pouvoir colonial, les colonisateurs se sont néanmoins heurtés à de nombreuses résistances. Une de leur stratégie principale fut de créer des divisions au sein des populations et de les accentuer en désorganisant les structures traditionnelles. Il s'agissait également de discréditer aux yeux des populations les chefs traditionnels qui refusaient de collaborer. Afin de se donner une image de bienfaiteurs, la tactique des colonisateurs fut ensuite de permettre la scolarisation

---

1960 », in C.R. Ageron, 1995, L'ère des décolonisations, Karthala, Paris.

des fils de leurs otages en territoires occidentaux pour en faire de fidèles collaborateurs.

Loin d'être une perspective dynamique orientée vers une sorte d'inter- acculturation, la gouvernance coloniale fut un processus brutal et réducteur de type dominant /dominé, une démarche dénuée de toute recherche de contributions partagées en vue d'aménager de nouvelles réalités.

Donnée fondamentale de régulation de la vie quotidienne négro-africaine, la palabre subit une funeste distorsion. Par l'intermédiaire d'interprètes plus au moins malhabiles dans le maniement des langues européennes, elle fut réduite à un mode de concertation stratégique entre les commandements occidentaux et les chefs traditionnels.

Ces interprètes essayaient plus au moins adroitement de cadencer les discussions entre indigènes et Occidentaux pour faire participer les deux parties. Souvent mal traduit, ce langage de sourds suscita davantage de mépris de la part des colonisateurs, conduisant à la dévalorisation systématique de ce mode de communication.

Corolaire d'une culture de paix, la palabre avait fait ses preuves, ne serait-ce que pour des questions concernant la justice de proximité dans laquelle s'imbriquaient en une seule pratique la sacralité, l'autorité et le savoir. De fait, le pouvoir de la palabre représentait une réelle concurrence pour le système judiciaire intransigeant de l'Occident et risquait de perdre de son bien fondé.

Les historiens nous permettent d'entrevoir à quel point la société colonisée fut dès l'origine un instrument à l'usage de la nation coloniale. À travers les politiques de coopération qui tendent parfois à compromettre l'aristocratie indigène tout en l'intéressant, on pourrait encore remarquer une persistance de ce caractère instrumental, mettant quand même la *« classe dirigeante dans nos intérêts »*[45].

Lyautey attire aussi l'attention sur le fait que «la colonisation fut parfois véritablement de la chirurgie sociale»[46], nous interpelant sur l'intérêt de certaines mesures « audacieuses » prises à travers les déportations de populations et l'instauration de la politique de « réserves » qui sont à l'origine des transformations du droit traditionnel, ainsi que la remise en question des droits liés à la propriété, ainsi qu'aux diverses richesses naturelles; il attire notre attention à tous sur l'instauration de la politique moderne et les résultats, etc., la plupart, si ce n'est toutes orienté vers des objectifs d'intérêt pour les puissances coloniales.

Celles-ci mirent en place des systèmes judiciaires selon les principes en vigueur dans leurs États, ainsi que des modes de gouvernance et d'administration

---

[45] H. Brunschwig, La Colonisation française, Calman-Lévy, 1949.

[46] E. Chancele, « La Question coloniale », in Critique, no 35, 1949

répressives qui, bien que relevant des processus d'adaptation et de refus ayant concouru à la destruction des modèles sociaux traditionnels, avaient plus ou moins assuré la « *paix coloniale* » et permis leurs rentabilités. Ces systèmes d'administration rappelaient notamment que la mise en œuvre de l'exploitation économique naissante devrait s'appuyer sur une prise de position politique à travers deux principaux modes d'administration:

A- L'ADMINISTRATION INDIRECTE.

Compte tenu des difficultés éprouvées sur le terrain, l'administration centrale coloniale se heurtait à la complexité afférente à la mise en place logistique et physique, compte tenu des inconforts matériels, mais surtout aux coûts relatifs à une démarche d'installation dans les territoires dominés.

Certaines puissances optèrent pour la délégation des emplois subalternes du service civil qu'ils confièrent aux chefs autochtones, obligés de collaborer sous peine de destitution, de prison, voire de mort.

La puissance britannique eut recours à «l'*indirect rule*», un système d'administration qui lui donnait la capacité de gérer ses colonies à moindres frais par l'intermédiaire des « *natives autorities* » qui versaient à l'Empire britannique des impôts prélevés sur les transactions commerciales en échange de la sécurité militaire sur leur territoire. Ce système permettait de réduire les risques humains et les coûts financiers de la présence coloniale dans les territoires britanniques.

Conçu pour une gestion commode des colonies anglaises, ce « *self government* » constitua aussi une « chance » pour les indigènes qui purent préserver, ne serait-ce que temporairement, certaines de leurs valeurs traditionnelles.

On peut encore constater aujourd'hui que l'absence des colonisateurs anglais dans leurs territoires a permis à leurs représentants négro-africains de maintenir plus ou moins certains usages et pratiques ancestraux, en consentant pour un temps, fût-il court, des possibilités d'accommodation liées aux changements.

B- L'ADMINISTRATION

INDIRECTE

À l'opposé des Britanniques, dès qu'ils eurent investi leurs territoires, les colons belges, français et portugais nièrent puis bafouèrent presque tous les mécanismes traditionnels, supprimant par la même occasion les systèmes d'administration autochtones.

Ces puissances avaient choisi d'administrer eux-mêmes leurs colonies à travers des systèmes de gouvernance directs et des modes d'organisation qui ont contribué à briser la souveraineté des peuples en dévalorisant les chefs traditionnels.

Par leur présence permanente et directionnelle, la transition coloniale a créé une scission si catégorique et si brutale entre les valeurs traditionnelles et les valeurs occidentales qu'elle n'a pas accordé de périodes de transition aux individus pour se défaire progressivement de leurs références ancestrales avant d'adopter certains des contenus qu'offrait la civilisation occidentale.

Désormais, on peut penser que ce mode de transmission des valeurs occidentales a eu de réelles conséquences sur la manière dont les anciennes colonies procèdent aujourd'hui pour réguler la vie sociale, mais on se réalise surtout compte à quel point les systèmes d'administration hérités des pouvoirs coloniaux autoritaires ont impacté les manières d'être, d'agir et plus largement les comportements des populations négro-africaines.

En effet, la colonisation a imposé des transformations indélébiles dans les paysages socio-environnementaux subsahariens, provoquant la rupture des pactes sociaux fondamentaux traditionnels. Elles influencent désormais les attitudes individuelles isolées autant que les comportements collectifs et ceux des gouvernements, car on ne saurait parler d'une «sociologie des peuples civilisés valable, sans cette attention accordée aux idéologies, ainsi qu'aux comportements plus ou moins stéréotypés qu'elles entrainent».[47]

---

[47] G. Balandier, « Aspects de l'évolution sociale chez les Fang du Gabon », in Cah. Intern. de Soc., vol. IX, 1950, p. 82

II- L'émergence des États subsahariens

Le sort de l'Afrique subsaharienne s'est décidé au cours de la conférence de Berlin de novembre 1884 à février 1885, période durant laquelle des tractations se firent entre les puissances occidentales qui le 26 février 1885, date mémorable pour le continent africain, décidèrent du partage du territoire africain considéré par les Européens comme une terre sans maître. Après le succès du Congrès de Berlin sur les Balkans en 1878, il ne déplut pas au chancelier de replacer Berlin au cœur de la diplomatie européenne et mondiale. Le 24 avril 1884, le chancelier Bismarck s'entretint de l'Afrique avec l'ambassadeur de France Alphonse Chodron de Courcel et, pour la première fois, évoqua une concertation internationale au sujet du partage de l'Afrique, afin de mettre tout le monde d'accord.

Le samedi 15 novembre 1884, la conférence s'ouvre sur l'invitation du chancelier Otto Von Bismarck. Quatorze nations sont rassemblées à Berlin pour établir les règles du partage de l'Afrique et éventuellement tracer des frontières sur cartes, malgré les oppositions de point de vue. On notera rapidement que la question de ce tracé arbitraire des frontières est encore d'actualité et que les conflits qui en ont découlé dès l'origine durent toujours.

En dépit des nobles objectifs assignés par les participants pour se donner bonne conscience, comme le désenclavement du continent, l'éradication de l'esclavage et de la traite musulmane, l'immense continent noir, encore très mal connu, fut partagé comme un vulgaire gâteau, sans que ses habitants aient leur mot à dire.

La conférence de Berlin a principalement abouti à édicter les règles officielles de colonisation dont l'impact direct sur les colonies fut à l'origine d'une vague de signatures et de traités. À travers son « acte », il fut établi de nombreux point dont :

L'interdiction de l'esclavage

- Le droit pour toute puissance européenne installée sur la côte d'étendre sa domination vers l'intérieur, jusqu'à ce que celle-ci puisse rencontrer une « sphère d'influence » voisine.

- L'annexion par l'occupation effective du terrain et l'obligation de notifier les traités conclus avec les populations indigènes aux autres nations colonisatrices.

- La liberté de naviguer sur les fleuves Niger et Congo et la liberté de commercer dans le bassin du Congo…

En définitive, par un saucissonnage des territoires régi par un contingent de traités internationaux mis en œuvre à Berlin entre puissances colonisatrices qui ratifiaient en leurs noms des accords pour les peuples subsahariens, le partage du continent donna lieu à l'émergence des États subsahariens.

Toutes ces démarches rappellent que «la colonisation est un fait de puissance, qu'elle entraine la perte de l'autonomie pour une tutelle de droit et de fait. Chacun des secteurs de la société coloniale a pour fonction d'assurer cette domination en un domaine précis[48] ».

Cette « balkanisation » arbitraire du territoire a d'une part « séparé des peuples de mêmes origines ethniques, de mêmes structures sociales et en a rapproché d'autres d'ethnies et structures sociales différentes»[49]. Les découpages administratifs ont d'autre part créé et parfois entretenu des inimitiés et des rivalités entre groupes ethniques.

Le partage arbitraire entre les nations coloniales et les découpages administratifs des territoires ont surtout abouti à fragmenter les ethnies importantes en brisant toute unité politique en leur sein et en rassemblant artificiellement d'autres groupes différents ou antagonistes à travers des démarches

---

[48] R. Maunier, Sociologie Coloniale, p. 19, 30, 33
[49] G. D'Arboussier, « Les Problèmes de la culture », in *Afrique Noire,* numéro spécial de Europe, mai-juin 1949.

ayant conduit à de nombreuses dépossessions foncières.

L'État devenait l'unité de survie et d'intégration suprême à laquelle se rattacheraient dorénavant les sentiments d'appartenance, d'engagement et de solidarité entre ressortissants. La plupart des populations se sont laissé séduire par l'imaginaire d'un État mettant en œuvre de nouvelles normes et des règles modernes pour protéger le citoyen et l'environnement.

En dépit des désagréments issus du partage tyrannique pour parvenir à créer des États africains autonomes, le principe ne déplut pas à priori, car la plupart des populations qui validèrent plus ou moins l'idée de départ s'accrochaient sans doute au rêve d'un État protecteur des individus et régulateur de leurs différences, avec des droits et des devoirs. L'étatisation des territoires permettait surtout de transformer les systèmes de protection et de contrôle de la population.

Constituant désormais l'unité dominante de survie du « *nous* », l'État devenait aussi garant de la sécurité physique des individus, de leur protection contre les violences intérieures et extérieures.

Les relations familiales qui revêtaient avant un caractère obligatoire et définitif se voyaient aussi transformées en relations révocables. L'individu prenait conscience de lui- même, en tant qu'être unique et pouvait échapper à sa famille et à son clan, sans compromettre ses chances de survie, puis s'émanciper des tutelles ancestrales qui avaient toujours dicté ses choix, car le « *je* » devenait prioritaire.

Toutefois, la transformation des structures et des fonctions sociales a eu pour corolaire la privation d'autres droits individuels fondamentaux, notamment le droit de propriété pourtant inaliénable, car avant la colonisation les familles et les clans étaient coutumièrement propriétaires de leurs terres ancestrales.

À travers certains codes occidentaux, la majorité des individus a bénéficié de formes de prescriptions d'acquisition foncière qui les maintenaient plus ou moins dans leurs territoires d'origine et qui pour la plupart favorisaient l'octroi de nouvelles terres aux tribus. Cependant, l'étatisation a conduit en définitive à des aménagements qui privaient certaines populations de leur héritage ancestral, ainsi qu'à la dislocation de nombreuses familles et clans dont on peut citer celle des « Fangs » en Afrique centrale qui se retrouvent aujourd'hui disséminées au Gabon, en Guinée Équatoriale et au Cameroun.

L'avènement de la société moderne fut en fin de compte compris à la fois comme un processus d'auto-institution de la société négro-africaine en vue de prôner une conception individualiste de l'être humain comme sujet capable de vivre isolé et de poursuivre ses propres fins.

A- LE PHÉNOMÈNE D'INDIVIDUALISATION

À travers le concept moderne d'identité individuelle, la civilisation occidentale a suscité une évolution de la culture négro-africaine. L'individu moderne peut exister par lui-même et manifester son idéal de soi à travers une dynamique qui donne sens à son être, tout en reliant les éléments de son passé, de son présent et de son futur pour bâtir son identité.

L'approche individualiste consistait donc à rassembler en un seul être les constituants de ce qu'on est, de ce qu'on devrait être et de ce qu'on voudrait être, dans la durée et dans diverses circonstances.

Dans le contexte négro-africain, l'individualisation se définit alors comme un phénomène humain qui découle directement de la mise en œuvre des processus d'évolution sociale. Perçue comme un idéal moral qui implique que tout individu puisse librement choisir son mode de vie et agir conformément à ses convictions à travers une transformation de l'équilibre social « nous/je », l'individualisation a mis le Négro-Africain seul face à lui-même, le rendant désormais responsable de ses choix.

Sans l'avoir choisi, il a donc été confronté au fait de devoir vivre sous le regard des autres et d'espérer gagner l'estime de lui-même à proportion de celle que les autres lui témoigneraient.

Ce choc culturel brutal a d'ores et déjà contribué à affecter son estime de soi dans cet habit de « nouvel individu moderne » susceptible de le désorienter tout en le motivant dans sa quête effrénée de reconnaissance.

Depuis les soucis de repères identitaires jusqu'à la répression des phénomènes en rapport à l'initiative personnelle, les populations ont rapidement été confrontées à diverses difficultés, d'autant plus que les processus d'individualisation n'ont pas pu et su se bâtir progressivement pour donner aux individus la possibilité de s'adapter au nouvel environnement social qui leur permettrait d'envisager une saine perception d'eux-mêmes.

En principe, l'individualisation est l'expression de la volonté d'exister par soi-même à partir d'une identité collective. Il ne saurait donc y avoir une identité du « je » sans une identité du « nous ». Selon des situations, on pourrait parfois déplorer que le processus d'individualisation ait si brutalement participé à l'éloignement de l'individu de son socle de base sans consentir à sa maturation individuelle.

Considérés comme le moteur de l'autonomisation et préconisant la reconnaissance des droits des peuples à disposer d'eux-mêmes, les mécanismes mis en œuvre à travers la « balkanisation » de la région subsaharienne étaient calqués sur les mécanismes occidentaux que les nouveaux dirigeants africains furent tenus d'appliquer en vue d'une globalisation des valeurs. Ainsi, les nouveaux dirigeants, filleuls et fidèles des puissances occidentales, furent rapidement formés et contraints de copier dans leurs États les systèmes de gouvernance occidentaux issus de leurs puissances coloniales.

Alors que les sociétés occidentales ont eu des approches de développement selon leurs valeurs, leurs savoir-faire et leurs technologies efficaces héritées de leurs ancêtres pour « *se civiliser* », les dirigeants des nouveaux États africains, devenus indépendants furent enjoints à mettre en place des mécanismes de démocratie moderne, à travers de canevas d'évolution vers la modernisation des territoires et des systèmes de gouvernance calqués sur les dispositifs environnementaux occidentaux.

Pour être considéré comme civilisé, tout territoire devrait avoir une organisation politique, une constitution démocratique, un système économique de développement qui valoriserait les terres, les techniques culturelles et les échanges.

B- LA MISE EN ŒUVRE DU DÉVELOPPEMENT MODERNE DES TERRITOIRES

La construction des infrastructures et de dispositifs d'industrialisation des États après la balkanisation de la région subsaharienne fut officiellement plus ou moins à l'origine de la planification en vue du développement humain et environnemental.

Étant approuvée sur le plan international comme le modèle unique de modernité, la conception mécaniste du modernisme était présentée comme la voie devant permettre d'obtenir des résultats objectifs et généralisables dans une vision globale des territoires.

L'enjeu du développement de la société négro-africaine dans l'évolution des États a tout d'abord laissé penser que l'avenir appartenait aux seules *«sociétés du savoir»* et que celles qui ne se mobilisaient pas pour leur développement prenaient le risque de ne pas exister au sein de la communauté internationale.

Mais les nouveaux États africains sortaient à peine des emprises coloniales, ils ne disposaient pas encore de liquidités pour mettre en œuvre les projets de développement qu'ils devaient effectuer dans l'urgence.

Novices en matière de gestion de la chose publique et de plus à de si grandes échelles, les jeunes leaders africains se sont laissé convaincre de l'existence de recettes et de lois universelles en matière de développement, disponibles en toutes circonstances, dans l'optique et l'intérêt du développement des territoires.

Par ailleurs, à travers les difficultés d'autonomisation qui commençaient à marquer la vie de la plupart des Négro-Africains, la misère pointait déjà son ombre à l'horizon.

En principe, seuls les communautés et les États dont les politiques publiques étaient rigoureusement incluses dans des processus de développement pouvaient atteindre un niveau d'amélioration de la qualité de vie.

L'existence de dispositifs « d'aides universelles » au développement environnemental qui pouvaient aussi permettre de prendre part au développement humain pour améliorer les conditions de vie fut motivante et rassurante pour les jeunes dirigeants, stimulant et exacerbant leur volonté de s'investir dans ces processus par l'endettement. Ils furent sans doute inspirés par la vision du professeur Joseph Ki-Zerbo qui incitait à se motiver et à s'engager pour le développement de l'Afrique, estimant dans ses propos « qu'on ne développe pas seulement les territoires, on se développe ».

Censée les accompagner dans leurs processus de développement, la mobilisation des Institutions financières internationales conforta les jeunes dirigeants subsahariens, les rassurant dans leurs démarches, ignorant plus ou moins que leurs diverses tractations financières constituaient dorénavant des gouffres à dettes institutionnelles.

L'aide étrangère financière en vue de la mise en oeuvre et la réalisation des chantiers fut mise en place sous forme de capitaux associés à diverses formes d'assistance technique, mais la plupart de ces dispositifs de développement estimé de portée universelle, importés et vantés par les ingénieurs occidentaux, avaient été testés en occident durant plusieurs siècles avant de produire des résultats. Dès lors, les seules garanties de réussite de ces techniques de développement au sein des territoires subsahariens provenaient des succès enregistrés dans l'environnement occidental avec des mentalités et des mœurs locales. Tout portait à faire croire que les concepteurs de projets de développement avaient conçu des solutions passe-partouts et qu'à travers leurs savoir-faires et d'après leurs points de vue, la région subsaharienne se mettrait rapidement en conformité au modèle global.

Or sur le terrain, la réalité a toujours été autrement perçue, car la modernité occidentale considérée d'emblée comme un *«fait extérieur»*, une méthode exogène qui ne correspondait pas au savoir-faire et savoir-être négro-africains; ces dispositifs de développement furent perçus comme une nouvelle forme de colonisation. De fait, la technologie moderne sans transition pourrait faire partie prenante des entraves ayant concouru au ralentissement du développement naturel de la sous-région, ce qui favoriserait la compréhension se rapportant la «distance qui sépare la société coloniale de la société colonisée, réduite essentiellement aux activités paysannes, se réduisant aux activités manœuvre et du domestique et qui justifieraient la difficulté de l'indigène à se relever économiquement »[50].

Bien qu'ayant fourni un apport déterminant aux progrès techniques de grande incidence sur l'humanité, notamment les technologies médicales et médicinales, les programmes de développement de la région subsaharienne ont surtout participé à asseoir une dépendance des gouvernements aux désidératas des Institutions financières internationales.

Les résultats obtenus jusqu'alors appellent à une autre approche du développement des territoires négro-africains et à une autre vision de l'avenir de l'Afrique.

C- LA «BONNE GOUVERNANCE» VUE DE L'OCCIDENT

---

[50] R. Delavignette, « Les Problèmes du travail: Paysannerie et Prolétariat »,in Peuples d'Outre-Mer et Civilisation Occidentale, p. 273 à 291.

La notion de gouvernance a toujours été présente au sein des sociétés négro-africaines et s'est souvent développée sur de larges bases de participation individuelle dans l'élaboration et le suivi des politiques publiques.

D'après la Banque Mondiale, la bonne gouvernance est la manière selon laquelle le pouvoir est exercé dans la gestion publique des ressources économiques et sociales en vue du développement.

Depuis l'avènement des États modernes, la plupart des pays de la région subsaharienne sont classés au bas de l'échelle selon l'indice de développement humain et économique. Toutefois,en Afrique il n'existe pas de dispositifs tels que l'Observatoire National de la Pauvreté qui permettraient aux gouvernements de prendre des décisions à l'aune des besoins réels des populations.

Cependant, dès 1945, l'Organisation des Nations Unies s'engageait à travers sa Charte à « favoriser le progrès social et à instaurer de meilleures conditions de vie dans une liberté ample », ce qui rendait alors décisive l'action des gouvernements dans la mise à disposition des biens et services en faveur des citoyens pour leur développement.

Les objectifs mondiaux de développement rappellent les bases d'un fonctionnement démocratique et consensuel, garant de la liberté et de l'égalité, qui obligent les gouvernements à respecter les normes locales et internationales, indispensables pour la légitimation de leurs projets.

Ces normes sont caractéristiques du fait colonial et viennent rappeler à quel point l'exploitation économique s'appuie sur des prises de position politique.

En suivant cette vision, le programme des Nations Unies pour le développement définit la bonne gouvernance comme un remodelage des politiques de gestion publique visant à faire face aux défis du développement. Cette définition positionne d'emblée le développement comme l'objectif principal de la bonne gouvernance.

Pourtant, d'après l'Agence Canadienne de Développement International, l'Institut sur la gouvernance définit la bonne gouvernance comme l'ensemble des établissements, des procédés et des traditions qui dictent l'exercice du pouvoir, la prise de décision et la façon dont les citoyens font entendre leur voix. On ne saurait pas ne pas insister sur le fait que des procédés et des traditions dictent l'exercice du pouvoir.

Des trois définitions, une seule d'entre elles fait clairement appel à une implication citoyenne et se rapproche le plus de la gouvernance traditionnelle négro-africaine. De manière générale, et sous l'injonction des Institutions financières internationales, les deux premières sont les plus citées et mises en œuvre au sein des États subsahariens.

Toutefois, la notion de bonne gouvernance fut pour la première fois évoquée en Afrique en 1989, dans un rapport de la Banque Mondiale qui justifiait de son véto contre l'application du programme d'ajustement structurel que suggéraient alors les États (voir le rapport de la Banque mondiale sur les politiques de développement, l'ajustement en Afrique, réformes, résultats et chemin à parcourir).

En effet, la bonne gouvernance fut d'ores et déjà comprise comme une influence formelle issue des Institutions financières internationales, de sorte que l'avenir des peuples négro-africains dépendrait de plus en plus des décisions prises par les nations riches. Les normes de base pour les mises en œuvre de certains volets concernant la bonne gouvernance furent conçues à partir de rapports de dépendance; parmi celles-ci, on note le droit d'agir, indispensable à la validité des décisions aussi bien pour la conformité que pour la concrétisation des opérations de développement.

Les principales normes se rapportant à la bonne gouvernance concernent les politiques extérieures occidentales de développement et de coopération, dont celle de l'Union Européenne qui à travers son slogan « *Europe competing in the world* » définit les principaux enjeux d'une volonté d'expansion occidentale et la détermination à promouvoir une implantation néolibérale dans les pays pauvres. Pour y parvenir, les Institutions financières internationales sont « exhortées » par leurs membres influents « à intervenir plus largement dans les domaines auparavant réservés aux gouvernements nationaux », ce qui devrait davantage interpeler les consciences au sujet d'une nouvelle colonisation, dans l'hypothèse où les États subsahariens auraient effectivement été indépendants.

Cette conception de la bonne gouvernance pose des problèmes concernant la démocratie à l'échelle globale, d'autant plus que sur le terrain on constate que les conditions imposées par les gouvernements contredisent les principes démocratiques universels et fondamentaux. La plupart du temps, ils ne prennent pas en compte les facteurs sociaux et humains.

Pour l'Afrique subsaharienne en particulier, les principes de bonne gouvernance énoncés par les Institutions financières internationales concernent prioritairement l'instauration des structures stables au sein des États qui les rendraient en toute sécurité attractifs pour les investisseurs privés et étrangers et pour les grandes firmes. Ainsi, pour valider les « bonnes » gouvernances, la Banque Mondiale se fonde sur des considérations et des possibilités d'investissements économiques dans les territoires.

Après avoir subi « *la mission civilisatrice* », par la colonisation, l'Afrique subsaharienne est soumise à une « *mission appauvrissante* », nommée «Bonne Gouvernance », dont le terme serait envisagé approximativement à l'horizon 2035, semble-t-il. C'est la mise en œuvre d'«une mission appauvrissante » qui est envisagée aussi bien pour l'environnement socio-écologique, compte tenu des difficultés de développement que connaissent les États africains depuis leur accession à l'indépendance, que pour l'humain.

Après avoir été longtemps critiquées pour leurs normes inhumaines et après des décennies d'étouffement des peuples pauvres, notamment les populations subsahariennes, les Institutions financières internationales ont finalement consenti à intégrer des termes faisant appel à l'éradication de la pauvreté dans les actions à entreprendre, à travers les principes 2 et 11[51] qui conditionnent la bonne gouvernance. Il reste à connaitre la manière et le terme nécessaires pour la mise en œuvre de ces principes, afin de rendre les systèmes socio-économiques plus efficaces et plus aptes à résoudre dans les territoires les divers problèmes humains.

---

[51] Centre d'Expertise sur la Réforme de l'Administration Locale, «12 principes de la Bonne Gouvernance Démocratique »,

D- LA RÉGULATION MODERNE DE LA VIE PUBLIQUE

Depuis la colonisation, différents modes de gouvernance se sont succédé dans la modernisation des Institutions, entrainant des changements fréquents d'habitus sociaux qui ont à chaque fois produit des nouveautés, dont celle relative à la régulation de la vie publique.

Conformément à son héritage culturiste colonial, chaque État applique dans son territoire les principes et normes en vigueur au sein de sa « métropole » d'origine. Ainsi, le système juridictionnel importé a mis en place le droit codifié d'une justice venue d'en haut qui, contrairement au droit traditionnel, ne s'adapte ni aux réalités territoriales, encore moins aux diverses situations coutumières d'usage. On fait parfois face aux conflits qui éclatent par exemple entre des populations d'un même territoire juridictionnel, alors que les individus dépendent de cultures juridiques occidentales différentes.

Dans certains cas d'indivisions ancestrales qui relèvent par exemple du droit coutumier entre deux cousins séparés par des frontières modernes, chacun s'efforce souvent de revendiquer ses prérogatives conformément aux sources du droit se rapportant à sa culture juridique occidentale. Les juges sont alors conduits à démêler des mille-feuilles juridiques qui rendent quelques fois leurs verdicts approximatifs et parfois « injustes ».

D'autre part, les conflits liés à des actes de sorcellerie, au veuvage et à bien d'autres phénomènes endogènes toujours d'actualité dans l'environnement socio-culturel négro-africain et qui sont souvent inscrits dans les codes judiciaires des États, conduisent à un jeu d'équilibrisme pouvant rendre contradictoire l'application des règles occidentales et la mise en œuvre du droit coutumier.

Lorsqu'il est question de mettre en place des projets régionaux, voire sous-régionaux, les juristes sont souvent confrontés à des enchevêtrements entre les lois relevant de chaque État impliqué dans le projet, surtout si par un coup de malchance ces États relèvent d'ex puissances coloniales différentes, tel qu'on pourrait l'observer pour les États faisant partie du sud de l'Afrique ou pour ceux qui dépendent de la partie ouest où se concentrent parfois trois voire quatre anciennes puissances coloniales. En ce qui concerne les phénomènes globaux actuels, des juristes doivent pouvoir trouver un équilibre entre les lois des États relevant des diverses puissances occidentales, leurs applicabilités par rapport aux traités et accords internationaux, et bien sûr en faisant un clin d'œil aux droits coutumiers.

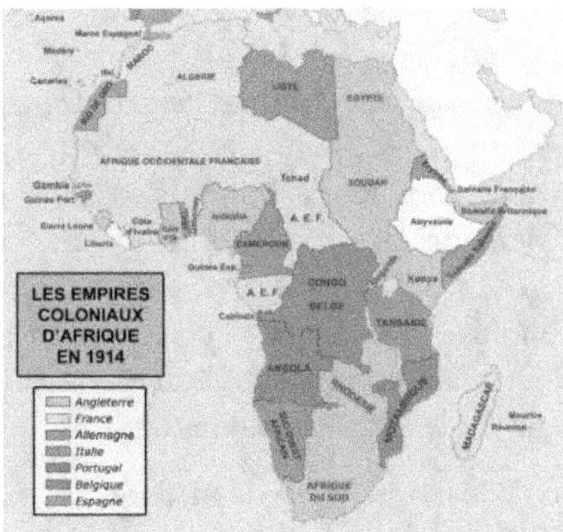

Fig. 6: le partage occidental de l'Afrique[52]

Au sein de la plupart des dispositifs globaux, tout porte à croire qu'en réalité les pouvoirs judiciaires modernes sont dénués d'obligations morales et ne s'appuient que sur les codes existants, faisant de moins en moins de détours par les normes ancestrales. Dorénavant, tout danger qui menace la survie d'une sous-région ou d'un continent constitue un risque pour la planète entière, ce qui doit conduire à envisager des traitements futuristes des phénomènes à l'origine du mal-être dans les territoires.

Avec la globalisation de certains fléaux sociaux, les gouvernants éprouvent des difficultés pour anticiper les risques éventuels de crises dans les territoires et parviennent encore moins à les articuler

---

[52] http : la decolonisations-de-l-afrique-noire-1957-1960

dans des perspectives locales, ce qui laisse penser comme le sociologue Georges Balandier que « la pacification, le développement et la mise en valeur des pays colonisés se sont réalisés par rapport aux nations occidentales et non en vue des intérêts des locaux [53]».

Contrairement au droit traditionnel qui s'adaptait à toutes les situations et aux diverses réalités locales, dans les États modernes et globaux les différends sont évoqués et réglés en l'absence des personnes concernées par des magistrats qui utilisent des langages incompréhensibles, dans des tribunaux géographiquement éloignés de la résidence des justiciables.

---

[53] L. Joubert, « Le Fait colonial et ses prolongements », in Le Monde non chrétien, 15, 1950.

III- La mondialisation de la société et effets

Toute étude envisagée sur la société subsaharienne ne saurait se faire sans que celle-ci tienne compte de sa double réalité qui, à partir de son volet colonial, se poursuit dans des objectifs d'intégration à des processus d'évolution qui font face à divers dispositifs globaux.

Si l'on considère l'Afrique comme le berceau de l'humanité, elle serait aussi le berceau de son enfance; ce qui incite aujourd'hui à se poser des questions concernant non seulement son destin général, mais aussi le destin des civilisations négro-africaines, non sans inquiétude face aux métamorphoses qu'ont subi certaines valeurs traditionnelles en vue de la globalisation des phénomènes sociaux majeurs pour l'unification du monde.

Jadis structurée et basée sur la famille et les clans, la société traditionnelle évolue désormais vers l'idée du village planétaire, c'est-à-dire une communauté des nations qui promeut un effacement progressif des cultures. Les individus sont attirés par la musique moderne, des attitudes importées plus ou moins moralisatrices, exacerbées par les réseaux sociaux qui viennent orchestrer une gigantesque dévastation des valeurs humaines.

Des personnes vivent ensemble, paradoxalement sans échange les uns à côté des autres; des individus qui sont ensemble, mais ne se voient pas. À ce rythme, il n'y aura plus de famille, plus de couple, tout se réglera virtuellement comme dans un monde de zombie. Le monde s'oriente vers une forme de désacralisation des valeurs, notamment les valeurs humaines. On se rend compte que l'évolution mondialiste entraine la perte de celles qui sont les plus fondamentales pour la cohésion de la société, touchée de plein fouet par l'effondrement de l'éducation et de la morale qui constituaient autrefois dans les sociétés négro-africaines des domaines de cadrage dévolus aux griots et à la gérontocratie.

Les enjeux de la globalisation de certains phénomènes sociaux semblent favorables à l'effacement des unités d'appartenance et de survie locales au profit d'une appartenance universelle suprême et mondiale. Ils semblent reléguer les facteurs territoriaux dans l'archaïsme, sans rapport avec un contexte historique où les concepts d'une époque vieillissante cessent d'exister dans la nouvelle. Il s'agit du rapport à une culture différente qui impose l'évolution vers ses contenus par le renouvellement du système de pensée et de ses symboles.

Après l'impérialisme occidental qui n'a pas réussi à susciter l'engouement pour son idée de civilisation universelle et qui enregistre aujourd'hui la fin de son attrait sur les autres civilisations, la politique internationale multi-civilisationnelle fait son entrée et incite à l'acculturation globale de la société.

L'UNESCO considère la culture comme l'ensemble des traits distinctifs matériels, intellectuels, affectifs et spirituels qui caractérisent une société. De ce point de vue, la culture constitue en elle-même la société, car sa fonction sociale favorise la définition des groupes humains et leur accorde la possibilité de se reconnaitre et d'agir collectivement selon un ensemble de valeurs, de représentations et de pratiques qui participent aussi à les différencier.

En principe, la culture est déterminante pour l'orientation de l'individu. Telle une boussole, elle le guide dans ses choix d'appartenance et dans les modalités de partage de valeurs qui s'offrent à lui. À travers l'évolution sociale, la culture doit contribuer à la construction de l'identité objective et subjective de l'individu dans la continuité.

L'identité pourrait être définie comme un processus psychologique de sens qui se développe à partir de projets et d'attributs culturels cohérents concourant aussi bien à la différenciation qu'à l'unicité individuelle et confère à l'individu de la substance et de la stabilité.

En principe, les unités territoriales traditionnelles constituent des marqueurs identitaires référentiels d'appartenance, tant sur le plan objectif que dans le domaine subjectif. Au fil de l'évolution de la société, ces marqueurs ont tendance à imprégner l'individu tout en déterminant sa motivation à les préserver.

Présentée comme une mise en mouvement de l'humanité entière, la mondialisation produit un modèle n'appartenant à aucune culture, à aucune civilisation et ne reconnait à aucun peuple sa spécificité, en souhaitant cependant les mettre tous en relation pour construire une universalité qui édifierait une humanité unifiée où les individus des diverses parties du globe seraient en contact.

Indépendamment de son appartenance à un groupe, la naissance d'une humanité universelle viserait à identifier l'individu en tant qu'être tout simplement.

Toutefois, on est interpelé par cette maxime qui nous rappelle sans cesse que : « qui se ressemble s'assemble ». Nul n'est dupe, on sait que naturellement les individus coopèrent mieux en fonction de leurs affinités culturelles et de leurs ressemblances. L'attractivité naturelle des êtres par affinité pourrait constituer une des difficultés du processus de convergence civilisationnelle unique, car un idéal tendu vers cette sphère sacrée se refuse toute convenance en rapport aux ressemblances.

Émile Durkheim estime tout de même que l'intégration sociale dans la société ne va pas de soi. Il définit des caractéristiques conditionnelles qui amènent les individus à avoir une place, leur place, dans la société. Il pense entre autres que :

- Les membres du groupe doivent partager les mêmes croyances, les mêmes sentiments et pratiques. Ils partagent donc une culture commune.

- Les membres du groupe sont en interaction les uns avec les autres, en interdépendance.

- Les membres du groupe se sentent voués à des buts communs.

De ces conditions, on pourrait déduire que pour les processus de socialisation mondiale, l'individu est sensé acquérir une culture commune et partager les buts que la société s'est fixés, qui conduiraient au développement d'une société d'individus interdépendants et interactifs. C'est possible, mais comment avoir un contrôle sur leurs sentiments et leurs croyances ?

Charles Taylor considère donc que la société devra être constituée d'un ensemble de communautés plutôt que d'un ensemble d'individus. En prenant l'exemple des communautés religieuses, bien que souvent minoritaires, l'affiliation religieuse est déterminante dans les rapports interindividuels, ce qui implique que la nature des relations entretenues entre les individus dépend de l'appartenance ou la non-appartenance de l'autre à cette communauté. Par exemple, les musulmans définiront des traits de comportement communs, ainsi qu'un sentiment de solidarité collective qui ne s'étendent pas systématiquement aux autres communautés. Présenté comme un individualisme identitaire, le communautarisme semble porter à l'exclusion et ne conviendrait pas à l'édification d'une humanité unifiée.

En regardant de près la conception de Durkheim, si la société est l'instance suprême de l'autorité morale, le processus de socialisation placerait systématiquement l'individu en interaction avec plusieurs groupes sociaux. De fait, l'individu moderne est effectivement membre d'une famille, d'une école, d'un groupe professionnel, d'une société et de l'humanité.

Ces milieux sociaux distincts possèdent des règles dont la portée et la généralité varient et se situent à des niveaux d'ordre différents et partant du principe qu'une règle est d'autant plus générale que celle est impersonnelle, la famille, la profession, l'État et l'humanité forment selon Durkheim une hiérarchie des règles applicables. Le niveau le moins élevé, celui de la famille, veillerait à la socialisation élémentaire de l'enfant. Elle lui offrirait la chaleur humaine et les sentiments moraux qui favorisent non seulement l'attachement à ce premier groupe social, mais guideraient aussi ses pas en vue de l'acquisition de certains réflexes de solidarité. Ensuite, l'école se chargerait de la deuxième socialisation durant la période de jeunesse qui prépare l'enfant à la vie dans une société où règne le monde professionnel. Celle-ci veillerait à lui inculquer des valeurs écologiques, le vivre ensemble, mais pas celles des croyances et encore moins des sentiments.

Enfin, les Institutions gouvernementales étant structurées autour de l'idée de représentativité et d'affinités politiques qui le plus souvent ne s'approuvent pas mutuellement, elles menaceraient plus ou moins cette construction.

On pourrait estimer que la voie conduisant à l'intégration universelle de l'humanité est semée de nombreuses embuches et nécessiterait la création d'un espace mondialisé qui recomposerait les problématiques socio-économiques, culturelles et écologiques en faveur desquelles s'engager, compte tenu de l'augmentation des interdépendances prévisibles entre les États obligés de mettre en œuvre des dispositifs divers pour leur permettre d'accéder à l'intégration planétaire.

Pour pallier à moyen terme les difficultés de convergence qui se pointent déjà à l'horizon de la mondialisation, il serait indispensable d'envisager un contrôle et une régulation de l'agrandissement de cette unité de survie, en rapport avec l'accroissement des besoins d'individualisation étendu à tous les territoires. Cela suppose l'organisation d'un organe suprême, d'une structure mondiale qui régulerait à la fois les processus généraux de convergence et les résultats des dispositifs locaux pour permettre à toutes les thématiques en cause dans les processus de revêtir une dimension planétaire.

La plupart des mécanismes de gouvernance nationaux décentralisés convergeraient vers la construction d'une civilisation universelle d'envergure, vers des Institutions supra-étatiques dont les objectifs étendus contrôleraient et ajusteraient au cas par cas les besoins variés liés à l'agrandissement des unités de survie.

Ceci ne serait réalisable que si les dispositifs mis en place par les Institutions financières internationales, en l'occurrence la Banque mondiale et les banques de développement, ainsi que les organisations telles que l'Organisation des Nations Unies pour l'Alimentation parvenaient à définir clairement des directions et des buts palpables, mesurables et accessibles à tous pour le bien-être de l'humanité. Sans une conduite claire à suivre par tous les individus, les institutions de contrôle ne sauraient être efficaces. Elles auront des difficultés à adjoindre des dispositifs de veille pour mieux conduire la cohérence des objectifs.

L'objectif de la mise en place d'une structure de veille et de contrôle des dispositifs globaux est d'axer sur l'humain les divers mécanismes d'évolution mondiale afin de favoriser la cohérence de l'individu. En effet, pour mieux conduire les transformations du « nous » vers un « je » constant et autonome, il est indispensable que l'individu, "je" soit suffisamment stable et apte à participer au « nous » universel, d'autant plus que l'évolution vers une individualisation plus large développe parallèlement des vides sur les plans affectifs et matériels.

La disparition de certains repères identitaires originaires pourrait participer à la soustraction de divers appuis qui contribuent à conforter psychiquement l'individu en le marginalisant, en le déstabilisant, pour produire finalement des effets inverses dans l'évolution mondiale de la société.

En moins d'un siècle, trois voire quatre générations de Négro-Africains auront subi diverses étapes d'évolution sociétale à travers une superposition de niveaux d'habitus, sans bénéficier de périodes générationnelles d'intégration, encore moins de délais transitionnels pour mettre en œuvre les différentes phases d'assimilation.

Désormais, la démarche d'un grand-père négro-africain qui souhaite transmettre ses valeurs ancestrales à ses arrière-petits-enfants serait en contradiction avec le temps, alors que toutes les trois générations partagent la même époque; on imagine alors ce vieillard frustré dans son rôle et perdu dans ses explications.

En principe, les processus d'évolution sociétale vers l'humanité globale devraient tolérer la conduite tempérée d'une évolution parallèle de l'habitus social, indispensable pour accorder à chaque individu un temps de renforcement de l'identité d'origine, afin de mieux le disposer à s'intégrer dans la continuité évolutive.

Pour l'instant, le processus de mondialisation placé sous les auspices du marché se déroule plutôt envers les valeurs humaines comme une dictature de rassemblement d'intérêts matérialistes sous la toute-puissance du marché.

On a plutôt l'impression que les mécanismes mis en œuvre semblent d'une part contraindre les gouvernements à des alliances et à la mise en œuvre de processus d'intégration plus ou moins urgents qui ne respectent aucune logique de continuité progressive. D'autre part, les effets et les conséquences portant sur la mise en œuvre de ces dispositifs sont imposés à des populations de capacités et de niveaux de vie inégaux, aussi bien sur les réseaux locaux, que planétaires.

TROISIÈME PARTIE

LES CONFLITS SUBSAHARIENS ACTUELS

Dans les sociétés archaïques, la famille, la religion et la communauté inculquaient les règles auxquelles les gens devaient se soumettre pour vivre les uns avec les autres, en évitant les susceptibilités qui peuvent conduire aux conflits.

La modernisation des manières d'être et d'agir a conduit au dessaisissement systématique de ce rôle individuel, désormais dévolu à l'État qui est censé mener une politique de renforcement de l'équité et de la justice à travers les corps sociaux intermédiaires entre lui et les individus, tels que les associations, les corporations ou les syndicats qui œuvrent pour qu'un minimum de conscience collective soit intériorisé par les personnes.

À cause de la souffrance éprouvée par certains individus constatant que leurs espoirs s'effondrent, la société entière est en voie de se désintégrer, le plus souvent à cause de politiques imposées par les Institutions internationales et conduites par les États. Toute société colonisée forme un ensemble avec la société ex-coloniale, un système dont l'étude du moindre élément s'y rattachant insuffle la nécessité de se référer à l'ensemble. Les conflits subsahariens dont on évoquera plus loin les causes, marquent les étapes du processus d'évolution de la société vers la mondialisation et conduisent à prêter une attention particulière aux affections inhérentes aux individus des sociétés « ex-colonisées » qui ont des caractères spécifiques. En fonction de la nature de la situation coloniale, on remarquera que des sociétés africaines de même type ne réagissent pas de la même manière à la présence française ou britannique par exemple.

I- La compréhension générale des conflits

Dans le langage de la dispute, on enregistre divers prédicats du mot « conflit » : le conflit de juridiction, le conflit d'attribution, le conflit négatif ou le conflit des armées. La liste est exhaustive, mais en l'occurrence la plupart des conflits qui minent la société subsaharienne se rapportent aux phénomènes humains.

A- LA DÉFINITION DU CONFLIT

Du latin *conflictus*, le mot conflit traduit un choc ou un heurt entre plusieurs individus, un comportement humain et subjectif de nature psychique dont la manifestation lente et sournoise fait suite à un catalyseur objectif : un différend ou un litige qui ensemence le terreau d'où jaillira le conflit (figure ci-dessus).

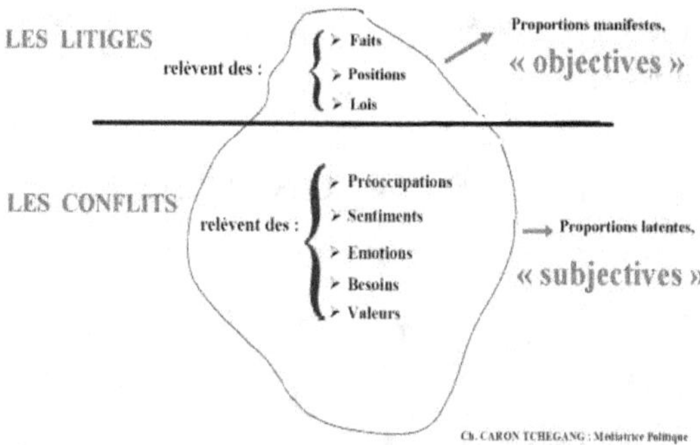

Fig. 7 : différence conflit/litige[54]

Le conflit se comporte comme un véritable tsunami et fait suite à une situation insupportable ou à un différend entre des acteurs interdépendants qui :

- poursuivent des buts différents en défendant des valeurs contradictoires, qui
- ont des intérêts divergents en poursuivant simultanément et compétitivement un même but.

On pourrait en déduire que le conflit est une situation relationnelle structurée autour d'un antagonisme découlant de faits objectifs qui sont généralement des faits de droits mesurables et

---

[54] Charlotte CARON TCHEGANG Médiatrice politique

palpables, d'où l'importance de faire une distinction par rapport au litige.

B- LES CIRCONSTANCES POUVANT CONDUIRE AUX CONFLITS

Depuis plusieurs décennies, l'Afrique subsaharienne est de plus en plus confrontée à des tensions diverses et à des troubles environnementaux liés à la sécheresse, aux inondations et aux épidémies, dont les effets globaux : la famine, les déplacements forcés intra territoriaux et les migrations extracontinentales contribuent à entretenir l'histoire agitée de la région.

Les processus d'autonomisation et d'individualisation censés assurer les droits des individus ont plutôt conduit à la perte de valeurs fondamentales comme celle de la morale qui faisaient partie des appuis de la société. Les individus modernes ont perdu toute notion de solidarité et d'interdépendance. Ils évoluent désormais entre l'immoralité et l'individualisme malsain qui conduit certains leaders à se comporter comme des dévastateurs égocentriques de l'environnement et des recéleurs des biens communs face aux populations qui croulent sous le poids de la misère.

Devant ces comportements insupportables, les populations souhaitent exprimer leur indignation, puis transformer par la révolte la logique de survie que leur imposent les gouvernements en logique de vie. Dans cette présentation, on envisagera de déceler à l'aide de facteurs typologiques les principaux conflits qui sévissent sur le territoire subsaharien.

C- LA TYPOLOGIE DES CONFLITS

La plupart des conflits subsahariens proviennent des diverses oppositions de valeurs entre le collectivisme et l'individualisme, manifestées par la contradiction entre ce à quoi l'individu aspire et l'usage du bien commun.

Indépendamment du fond, en survolant la plupart des conflits subsahariens on peut répertorier diverses formes de conflits ; ils se présentent généralement sous deux aspects :

1. Les conflits internes

Depuis les années 1990, on enregistre des conflits internes au sein des territoires subsahariens, opposant des civils ou des portions de populations d'un même pays à leurs gouvernants. On peut le constater dans les régions des Grands Lacs ou le Centre-ouest africain, où se produisent des rébellions citoyennes qui mènent parfois à des guerres civiles contre les pouvoirs en place. Ces conflits conduisent souvent les révoltés à considérer leurs propres frères ou leurs cousins comme des ennemis, contre leur gré, et quand bien même ces « nouveaux ennemis » de circonstance voudraient manifester leur neutralité dans la situation, ils représentent des traitres à anéantir, considérés comme des délateurs avec lesquels il n'est plus possible de cohabiter.

2. *Les conflits externes*

Ils sont de plus en plus déplorables et se multiplient au sein de la société subsaharienne opposant souvent des populations riveraines sur le tracé moderne des frontières. En quête d'accès à certaines ressources naturelles, l'eau en particulier, des populations se trouvent impliquées dans des conflits frontaliers et/ou transfrontaliers consécutifs à des problèmes de nationalité et de territorialité des eaux, alors qu'il est difficile de contrôler le cours des fleuves dont les débits sont parfois affectés par les changements climatiques.

- On enregistre de plus en plus fréquemment dans les territoires subsahariens des conflits in civilisationnels qui sont conduits par des mercenaires issus de pays étrangers, impliquant certaines franges de la population opposée à d'autres sur des questions idéologiques ou religieuses.

- À la faveur de la mondialisation, des conflits civilisationnels se développent dont les effets s'internationalisent rapidement avec les migrations extracontinentales subies autant par les migrants que par les territoires d'accueil.

De manière générale, les conflits civilisationnels surviennent au sein de populations d'horizons divers qui cohabitent naturellement alors qu'elles tentent de s'affirmer individuellement ou collectivement. Ces conflits ont tendance à opposer des peuples appartenant à diverses entités culturelles et sont susceptibles d'impacter sérieusement la cohésion de la société entière. Avec la mondialisation, des conflits civilisationnels ont tendance à se développer très vite bien que par leur caractère sournois ils passent pour être inoffensifs.

II- Les fondements des conflits subsahariens actuels

L'analyse des conflits conduit à des questionnements qui tiennent compte des facteurs externes et internes se rapportant aux individus. Pour comprendre les conflits subsahariens, il serait donc indispensable d'en rechercher les principaux facteurs de rupture; ce qui conduit à examiner divers points : les sources réelles des conflits, la description des situations et des interactions et leurs impacts sur les individus.

En effet, Plus d'un demi-siècle après leur accession à l'indépendance, de nombreux pays d'Afrique subsaharienne connaissent de plus en plus d'affrontements dont les effets et les conséquences touchent non seulement le continent entier, mais s'étendent aussi en dehors du continent africain.

Depuis l'étatisation des territoires subsahariens, les dirigeants modernes et les élites ayant mis de côté les organisations et les modes de régulation traditionnels de la société au profit des Institutions modernes, ne parviennent plus à anticiper les différends au sein de la vie publique, encore moins à régler les conflits sociaux sans créer des ressentiments et de la haine, alors que ces conflits sont la plupart du temps imbriqués d'emprunts culturels.

Bien que les interactions entre les gouvernants et les populations reposent sur un ensemble normatif régulant les droits et les devoirs des citoyens d'une part et des gouvernements de l'autre, on constate que les dirigeants des États sont plus ou moins prioritairement en quête de leur gloire personnelle que du bien-être des citoyens. La quête de gloire personnelle fait désormais partie des mobiles de la plupart des dirigeants qui s'efforcent d'y parvenir par tous les moyens, surjouant souvent leur rôle en faisant fi des questions humaines dans leurs politiques sociales.

La plupart des gouvernements ne permettent pas de faire éclore les citoyens en leur donnant les moyens et la liberté de devenir ce qu'ils souhaitent; ils ne requièrent pas suffisamment l'implication des populations pour l'initiative, puis la conduite projets publics, alors que ceux-ci en ont besoin pour parfaire leur émancipation individuelle.

L'indifférence incongrue qui se déploie progressivement et durablement au sein des « *démocraties* » est souvent à l'origine de tensions interrelationnelles, parfois exacerbées par une dysphorie ambiante.

En effet, l'évolution de la société négro-africaine a participé à l'instauration au sein de l'environnement social d'une forme de compétition effrénée et systématique, provoquant l'anéantissement des castes professionnelles qui répartissaient autrefois les individus dans leurs compétences. Depuis lors, l'individu moderne court éperdument après l'argent, la notoriété et le pouvoir, au détriment de toute autre valeur, notamment celle des liens familiaux ou fraternels qui jadis sous-tendaient les rapports dans la société négro-africaine.

Au fil des générations, les négro-africain sont devenus égocentriques, prêts à tuer leurs proches ou à empoisonner leurs propres filles pour un morceau d'héritage. À l'échelle supérieure, les gouvernants n'hésitent pas non plus à laisser périr les populations qu'ils sont censés protéger pour préserver en priorité des intérêts particuliers.

Pourtant, les interactions saines et empreintes de solidarité étaient constitutives de la vie collective négro-africaine, faisant partie des conditions fondamentales d'existence et de matérialité de l'individu considéré comme l'unité de mesure du monde social.

Les ressources matérielles ou symboliques ou le respect de la sphère idéale des uns par les autres, en ce qu'elles accordaient à l'individu de pouvoir manifester sa déférence à autrui, faisaient partie des composantes indispensables dans la conduite des processus interactifs.

L'évolution étatique de la société traditionnelle vers la globalisation a conduit à la superposition d'habitus sociaux qui impactent sérieusement les rapports individuels et la cohésion des populations. On assiste donc dans les territoires subsahariens à une forte dégradation des rapports entre les gouvernants et les populations dont la coexistence semble de plus en plus difficile.

Il semble que certains leaders fassent de l'amalgame de rôles, se comportant parfois comme des dirigeants modernes « *intransigeants* » quand les situations sont à leur avantage, endossant aussi le plus souvent dans la même posture le rôle des chefs traditionnels autoritaires qui étaient jadis écoutés par leurs sujets, alors qu'eux ces chefs traditionnelles s'investissaient pourtant inlassablement en vue du bien-être de ses sujets. Il est difficile de cerner et de définir leurs réelles postures des dirigeants négro-africains, à cheval entre les royautés et les États.

Dans certains territoires privilégiés, où ils font couler de la bière électorale à profusion, ils se font appeler «papa», en rapport aux représentations du rôle ancien des chefs traditionnels qui étaient en permanence soucieux de la préservation de leur progéniture et occupés à satisfaire les besoins de leurs « enfants » pour lesquels ils imploraient quotidiennement l'aide des autorités divines supra-territoriales. Par leurs dons éphémères, les dirigeants négro-africains actuels parviennent à tenir leurs concitoyens en otage « électoral », leur faisant sans cesse garder espoir que le renouvellement des mandats consentira à l'amélioration de leur situation socio-économique.

Le sociologue Eving Goffman pense que l'identité d'un individu est en soi le fruit d'un processus social qui se révèle dans l'interaction, ce qui laisse supposer qu'il est censé poursuivre sa construction identitaire à travers ses interactions, ses habitudes et ses valeurs personnelles, dans une succession de rôles à assumer, progressivement pour s'adapter aux nouveaux contextes sociaux; ce qui conduit à définir l'identité comme étant le produit de l'interaction.

D'autres sociologues, en l'occurrence Nizet et Rigaux, insistent quant à eux sur la théorie selon laquelle l'identité est le produit du rôle joué par l'individu, augmenté du regard d'autrui sur ce rôle. De ces deux pensées découle la synthèse fondamentale selon laquelle l'identité émerge lors de l'interaction et se forme dans la relation à l'autre. L'individu se définit et est défini par les autres, à travers son rôle.

La construction d'une identité est un enjeu essentiel dans les sociétés modernes. Elle repose sur l'inscription dans un ensemble de liens sociaux devant assurer à l'individu la reconnaissance d'autrui.

Dans les rapports sociaux, l'identité résulterait de la reconnaissance réciproque du "moi" et de l'autre. Elle « nait d'un processus conflictuel où se construisent des interactions individuelles, des pratiques sociales objectives et subjectives[55] ».

La survenance des conflits qui déstabilisent la région subsaharienne au risque d'affecter sérieusement son processus d'évolution moderne serait donc en rapport avec les caractères fondamentaux de l'être humain.

En effet, dans l'espace public des sociétés dites démocratiques, on assiste de plus en plus aujourd'hui à une explosion d'attentes et de demandes de reconnaissance, de revendications concernant aussi bien des droits fondamentaux que les libertés civiles et politiques. Alors « que l'essentiel des conflits politiques et sociaux avait porté depuis au moins deux siècles sur la question de la propriété et des revenus, mettant au premier plan l'aspiration à une répartition plus égale des richesses dans le cadre de demandes de justice distributive, ils se structurent et se formulent désormais dans le langage du droit à une égale reconnaissance »[56].

---

[55] C. Taylor, Hegel et la société moderne, Laval-Paris, 1998 [1979], P. 14-23

[56] Voir le débat entre A. Honneth et N. Fraser [Honneth, Fraser, 2003] concernant les questions de recouvrement entre justice distributive et reconnaissance.

Il n'est pas certain que cet ensemble de requêtes qui peut s'exprimer aussi bien dans le langage du droit que dans celui de la morale, voire dans le registre de la psychologie, possède toujours des objectifs clairs.

Cependant, à travers l'analyse et la compréhension des diverses situations et des interactions, on pourrait sans doute cerner l'objet et les causes des conflits qui tendent à menacer l'humanité.

A- LES SOURCES OBJECTIVES DES CONFLITS ACTUELS

On observe qu'une dynamique évolutive se déploie dans la multiplicité et l'enchevêtrement des facteurs responsables des conflits subsahariens qui s'étendent dans l'espace et dans le temps, passé, présent et avenir, fondant les oppositions entre les acteurs en présence. Les origines des conflits dépendent de facteurs interconnectés qui interagissent à travers des phénomènes sociaux, politiques et géostratégiques.

Depuis leur imprégnation par les valeurs occidentales, mais originairement d'essence apollinienne, les Négro-Africains se complaisent dans des célébrités machiavéliques, s'enlisent au fil des années dans des manifestations de haine de l'autre et dans les conflits. On a l'impression qu'ils essaient d'exister par tous les moyens et de faire parler d'eux en défiant les Institutions, quitte à resplendir négativement en sombrant pathétiquement dans la scélératesse et en cultivant des attitudes nauséabondes qui conduiraient parfois à donner raison aux « missionnaires civilisationnistes » d'autrefois et bien au-delà !

Bien qu'aucune raison ne justifie que des personnes puissent menacer et mépriser des vies humaines, les origines tangibles et mesurables des problèmes qui minent l'Afrique subsaharienne et dont les conséquences pourraient impacter toute l'humanité sont aussi diverses que complexes. Elles nous conduisent à scruter divers facteurs :

1. *L'environnement socio-économique*

L'étatisation des territoires et l'occidentalisation de l'environnement social ont produit de nombreuses transformations, entre autres une augmentation considérable de la circulation des richesses ayant introduit l'argent au centre des relations dans la société négro-africaine.

Ces métamorphoses sociales ont substitué l'économie de marché à l'économie de subsistance. Désormais, le bien-être de l'individu est fonction de l'acquisition des biens matériels qui le conduisent à revendiquer des prérogatives et à faire valoir ses droits sur les ressources et les richesses dont regorge son territoire.

Cependant, ces changements ont aussi conduit le territoire subsaharien à dépendre financièrement de ses richesses en matières premières à travers ses échanges avec l'extérieur (voir carte ci-dessous).

D'après Radio France international, les ressources agricoles, minières et énergétiques pèsent en valeur plus de 60 % des exportations dans tous les pays du continent africain. La liste des États africains dépendants, voire très dépendants, des matières premières s'est allongée de sept entre 2010 et 2015, notamment l'Érythrée avec ses exportations de bétail, Madagascar avec ses ventes de minerais, d'épices et de poisson, São Tomé son cacao, le Liberia son caoutchouc, son fer ou son pétrole, le Cap-Vert et les Comores avec leurs exportations de poisson, le Togo avec son or et ses produits agricoles [57].

D'autres pays ont accru leur dépendance aux exportations des matières premières : le Sénégal (minerais, pétrole et poisson), le Mozambique (charbon et pétrole), la Côte d'Ivoire et le Ghana où les exportations de cacao et de pétrole ont pesé plus lourd, comme les diamants au Botswana.[58]

---

[57] RFI, Chronique des matières premières, Diffusion : jeudi 26 octobre 2017
[58] *Idem, op cit*

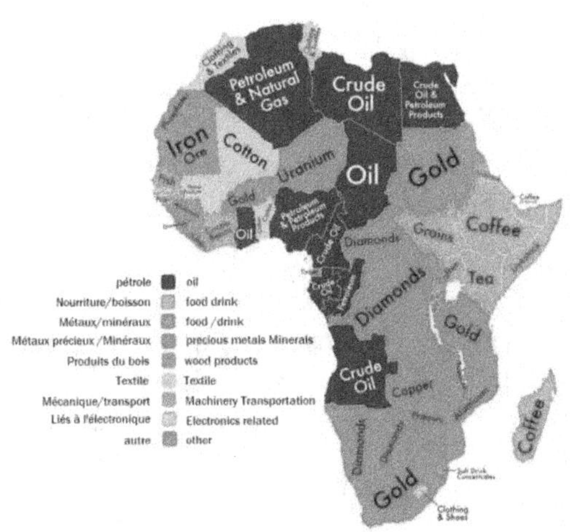

<u>Fig. 8</u> : Carte africaine d'exploitation des ressources naturelles[59]

Il est évident que l'exportation des matières premières constitue une des sources essentielles de revenu de l'Afrique, et pourtant la région subsaharienne est la partie du monde qui connait le plus de problèmes sanitaires et un déficit d'éducation des plus préoccupants liés à son sous-équipement chronique en matière d'infrastructures diverses.

Selon *Africa's Pulse*, un rapport semestriel de la Banque mondiale qui analyse la conjoncture économique africaine, les économies d'Afrique subsaharienne continuent de se redresser après avoir

---

[59] Africapoor.wordpress.com

marqué le pas en 2015-2016, mais à un rythme plus lent que prévu. En 2018, la région devrait afficher un taux de croissance moyen de l'ordre 2,7 %, soit une légère augmentation par rapport aux 2,3 % enregistrés en 2017.

Ce ralentissement est dû en partie à une conjoncture internationale moins favorable pour la région, car les échanges mondiaux et l'activité industrielle s'essoufflent à cause de la chute des cours des métaux et des produits agricoles, mais aussi en raison des coûts liés aux tarifs douaniers et à une demande plus incertaine[60] .

Si l'Afrique subsaharienne ne profite pas assez des bienfaits de ses matières premières, le continent subit en revanche, inévitablement et immédiatement, les conséquences négatives des baisses de prix ou de production qui obligent les pays de la région à initier des politiques d'austérité, entrainant des remous sociaux, tels que les non paiements des salaires des fonctionnaires, le sous-emploi des populations et le chômage.

La paix sociale est menacée par la chute du prix des matières premières, mais aussi par le manque de réseau routier, le coût élevé des transports qui freinent les échanges intra et interrégionaux, bien que ces dernières années des progrès aient été faits dans la plupart des grandes villes en vue de l'accès à la

---

[60]Banque Rapport, Communiqué de Presse, Octobre 2018

téléphonie et à l'électricité. Ceci n'exclut pas de poser la question de la gestion et du partage des richesses dans la région.

Élément aussi indispensable qu'essentiel à la vie, l'accès à l'eau potable reste très limité et ne profite qu'à environ 35% de la population. Le continent africain est doté de plus de 5 000 milliards de mètres cubes d'eau dans ses nappes phréatiques, mais 320 millions d'habitants ne bénéficient toujours pas de l'eau potable.

Fig. 9 : Adolescente récoltant de l'eau pour la famille[61]

L'eau, bien vital sans aucun doute le plus précieux de notre planète est aussi à l'origine des inégalités les plus criantes . D'après l'Organisation des Nations Unies, « pas moins de 663 millions de personnes n'ont pas d'accès à l'eau potable, soit un terrien sur

----

[61] Mormon Presse : Kinshasa 2017

10 »[62]. Polluant l'environnement et appauvrissant les sols, les eaux usées sont rejetées dans la nature.

« Toutes les 90 secondes, un enfant meurt de maladie liée à la consommation d'eau impropre »[63].

L'espérance de vie est en nette augmentation à travers le monde alors que l'écart entre les populations riches et les populations pauvres, particulièrement celles de l'Afrique subsaharienne, reste très important. Sur 137 pays dans le monde, les dix premiers pays au sommet du classement sont des pays asiatiques et occidentaux, tandis que les dix pays les plus pauvres sont des pays africains.

Le Royaume-Uni a atteint la 20e place aux côtés de la Grèce, avec une moyenne d'espérance de vie de 81, 6 ans, la France occupe la 7e position avec une moyenne de 82,7 ans. Les États-Unis sont plus bas dans le classement, atteignant la 37e place avec une moyenne de 78,7 ans, contre 46 ans pour le Tchad et 50 ans pour la Sierra Leone. Le dernier pays du classement est le Swaziland, avec une moyenne d'espérance de vie estimée à seulement 48, 9 ans.[64]

Les disparités dans la qualité de vie concourent à la dégradation de l'image de la région et participent à refroidir la motivation d'éventuels investisseurs

---

[62] Reuters : novembre 2017
[63] Idem, op cit
[64] World Economic Forum, données dévoilées le 05 août 2018

sérieux, tandis qu'une jeunesse de plus en plus qualifiée demeure désœuvrée.

Doit-on se résigner et croire en l'hypothèse de Kuznets qui estime et affirme que la situation socio-économique de la région subsaharienne relève d'une malédiction ?

La « *malédiction des ressources naturelles* » s'explique par le fait que certains pays d'Afrique subsaharienne disposent d'un secteur des ressources naturelles tourné vers l'exportation. Ce secteur génère de substantielles recettes publiques, mais ces pays connaissent paradoxalement une stagnation économique.

Pour expliquer cette « *malédiction des matières* », la recherche identifie plusieurs mécanismes. Divers dispositifs sont mis en avant, notamment la dépendance aux produits de base, traduite par l'abondance de ressources naturelles qui contribue fortement à l'appréciation du taux de change réel et qui réduit la compétitivité du secteur manufacturier d'exportation.

Avec le développement des théories sur la croissance depuis les années 1950 et 60, la problématique de la pauvreté est accessoirement imputée à celle de la croissance. Pour lutter contre la pauvreté, les pays en développement sont invités par les Institutions financières internationales à adopter des politiques économiques devant permettre d'atteindre un certain niveau de croissance qui finirait par profiter à tous en réduisant naturellement la pauvreté et les inégalités.

La mise en exergue de larges inégalités de revenu contribue davantage à mettre en œuvre diverses recherches économétriques, comme celles de Simon Kuznets, qui relève les conséquences liées aux contraintes environnementales et écologiques sur la croissance des richesses. « Il y a une évidence claire que bien que la croissance économique provoque normalement des dégradations environnementales… elle demeure un sentier pour retrouver un environnement décent dans la plupart des pays devenus riches[65] ».

Kuznets met en relation la croissance économique et la distribution du revenu. Il découvre un graphique en cloche qui met en évidence la relation entre les inégalités sociales et le Produit Intérieur Brut par habitant. Depuis 1934, le Produit Intérieur Brut mesure la valeur ajoutée annuelle produite par une économie. Cette valeur fait figure d'indicateur de référence des performances économiques et du développement d'un territoire.

Dans ces recherches, il représente la croissance par une courbe en abscisses et les inégalités de revenus en ordonnées. Il obtient une courbe en forme de U inversé qui amène à distinguer trois

---

[65] Beckerman, W., 1992, "Economic Growth and the Environment: Whose Growth ? Whose Environment?" in *World Development*, Vol.20, Issue 4, p.481-496

phases : la première concerne le développement économique au cours de duquel les inégalités économiques vont croissant, la deuxième est une phase de stabilisation où les inégalités cessent d'augmenter et la troisième phase de croissance avancée se caractérise par une réduction des inégalités (Voir schéma).

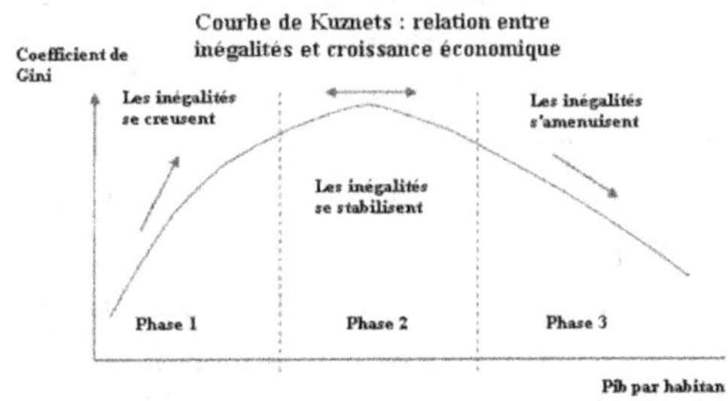

Fig. 10: Évolution des inégalités[66]

Compte tenu de la persistance de la pauvreté et de l'accroissement spectaculaire des inégalités qui constituent les principaux problèmes des pays d'Afrique subsaharienne, la courbe de Kuznets en U inversé inciterait à première vue à croire en la « malédiction des matières ». Mais très rapidement, malgré des niveaux de croissance notables, on constate la persistance de la pauvreté et des inégalités

---

[66] Médiapart, De la question des inégalités : Karl Marx contre Simon Kuznets

qui conduisent à douter de la pertinence de cet indicateur, dans la mesure où la hiérarchie qu'il donne est fondée sur une croissance exclusivement quantitative et non qualitative.

De fait, Robert Kennedy balayait ces recherches du revers de la main, argüant de l'incapacité du Produit Intérieur Brut à prendre en compte ce que la vie humaine a d'inestimable et qui suscite depuis longtemps de nombreuses critiques. Il justifie ses propos portés sur l'humain en déclarant que « le PIB ne tient pas compte de la santé de nos enfants, de la qualité de leur instruction, ni de la gaité de leurs jeux. (…) Il ne prend pas en considération notre courage, notre sagesse ou notre culture. (…) Le PIB ne reflète en rien le progrès social d'une nation. En un mot, le PIB mesure tout sauf ce qui fait que la vie vaut la peine d'être vécue ».[67]

L'estimation des richesses nationales demeure toutefois centrée sur la mesure de la valeur ajoutée marchande donnée par le Produit Intérieur Brut, alors qu'il reste incapable de mesurer le bien-être de la population d'un pays. Depuis la mise en œuvre des dispositifs internationaux modernes censés conduire vers une évolution socio-économico-environnementale, on constate incontestablement que l'Afrique subsaharienne s'enlise dans l'appauvrissement matériel.

---

[67] Robert Kennedy, ….. 1968.

a) La pauvreté socio-environnementale

À l'heure ou la majeure partie de la société mondiale est tournée vers la consommation, le peuple négro-africain en est encore à combattre la faim.

Bien que la lutte contre la pauvreté n'ait pas été toujours centrale dans les stratégies des Institutions internationales, depuis septembre 2000 l'assemblée générale de l'ONU l'a entériné comme un des objectifs prioritaires des pays en voie de développement.

Près de 70% de la population subsaharienne vit sous le seuil de pauvreté et manque du minimum pour assurer ses besoins fondamentaux. Les politiques publiques d'accès aux soins sont souvent inexistantes, obligeant d'une part la majorité des populations à renoncer à se soigner faute de moyens financiers, et conduisant d'autre part les personnes nanties, dont les dirigeants des États encore aux affaires, à se faire soigner en occident en négligeant la misère des peuples.

L'analphabétisme marginalisant disqualifie une grande part des populations, les rendant incapables de participer aux prises de décisions dans la société. La scolarité n'étant pas gratuite et encore moins obligatoire, les niveaux dans la durée moyenne de scolarisation des adultes de plus de 25 ans et ceux attendus pour la scolarisation des enfants en âge scolaire sont désespérément bas, faute de moyens financiers.

Pourtant l'éducation est un droit fondamental et de fait, «toute personne a droit à l'éducation. L'éducation doit être gratuite, au moins en ce qui concerne l'enseignement élémentaire et fondamental ... l'éducation doit viser au plein épanouissement de la personnalité humaine et au renforcement du respect des droits de l'homme et des libertés fondamentales».[68]

Malheureusement, les parents sans emploi ne parviennent pas à assumer les études de leur progéniture et les enfants sont laissés pour compte, ouverts à toute forme de dépravation et de trafics.

La sous-scolarisation des jeunes et les difficultés d'accès à la formation professionnelle entrainent le désœuvrement de génération en génération, tandis que certains individus physiquement et intellectuellement aptes, pourtant qualifiés et diplômés, parviennent à l'âge de la « retraite » sans avoir jamais travaillé de leur vie ni bénéficié de la moindre allocation de survie, encore moins d'une mutuelle de santé.

Bien que cette violation particulière ne suscite pas particulièrement l'intérêt des Institutions financières internationales, la situation d'extrême pauvreté que subissent la plupart des populations subsahariennes

---

[68] Déclaration des droits de l'homme : article 26

constitue un scandale pour la conscience morale de l'humanité, d'autant plus que les gouvernants négro-africains mènent au quotidien des vies fastueuses, dignes des contes des mille-et-une nuits, séjournant dans des résidences opulentes au su des responsables de ces mêmes Institutions, sans qu'aucun dirigeant du monde s'en offusque.

Malgré des sols et des sous-sols gorgés de ressources minières et énergétiques exploitées par des sociétés étrangères et souvent transformées au-delà des territoires, la région subsaharienne fait partie des régions les plus pauvres du monde alors que les accords d'exploitation devaient ouvrir des compromis sur les transformations de ces ressources au sein des territoires d'origine pour y développer des emplois.

Depuis Stockholm, la communauté internationale est mobilisée pour la recherche de solutions plus efficaces dans la lutte contre la pauvreté. Pourtant, il n'existe toujours pas de dispositif d'accès au droit et aux biens essentiels en Afrique subsaharienne. Il existe encore moins de politiques de solidarité en faveur des personnes nécessiteuses. En dépit de quelques progrès sur le plan international pour venir à bout de la pauvreté dans le monde, les populations subsahariennes comptent toujours parmi les plus pauvres sans que la compréhension des causes et les raisons de cette cristallisation suscitent beaucoup d'intérêt.

b)   Historique de la pauvreté

L'origine de la pauvreté qui décime la partie subsaharienne de l'Afrique remonte aux premières explorations coloniales et correspond à l'introduction de la monnaie et à la transposition des problèmes économiques occidentaux dans ses territoires.

Avant et pendant la période coloniale, les Négro-Africains ne possédaient pas d'argent liquide, bien que disposant de banques de dépôt. L'économie locale était principalement basée sur les cauris, très souvent des pagnes indigo, dont la valeur pouvait croitre en fonction de l'intensité de leur bleu, et quelques fois sur de la monnaie-or. Ces différentes formes de monnaie étaient utilisées pour payer les impôts et les taxes infligés par les colonisateurs, tandis que la masse monétaire mondiale augmentait au rythme de l'extraction de l'or dans la région.

Après la Seconde Guerre mondiale, l'économie européenne était ruinée par les dépenses liées à la logistique. L'Amérique mit en place le plan Marshall pour la reconstruction de l'Europe qui fit de ce pays son partenaire économique privilégié. Grâce aux accords de Bretton Woods qui furent à l'origine du Fonds Monétaire International et de la Banque Mondiale, la loi du vainqueur imposa le dollar comme première monnaie internationale seule convertible en or, indexant toutes les autres sur lui.

Ce fut aussi le début du « *Gold exchange standard* » par lequel les systèmes politico-économiques traditionnels furent remplacés par des systèmes politico-monétaires internationaux, dans l'optique d'une évolution socio-économique et monétaire, alors que la plupart des réserves des pays africains étaient stockées dans les banques occidentales.

Après l'étatisation des territoires africains, les dirigeants ne disposaient pas de changes, encore moins du pouvoir de décider de leurs valeurs monétaires, ni des droits leur permettant d'imprimer leur monnaie. Pour garantir la convertibilité de la monnaie de la plupart de ces États avec d'autres devises étrangères, les banques occidentales se portaient caution. Elles pouvaient par conséquent imprimer de l'argent-dette qu'elles mettaient à la disposition des États africains qui devinrent dès lors unilatéralement engagés dans de la dette et s'enlisent depuis dans l'endettement continu.

Entre temps, le président Nixon suspendit la convertibilité du dollar en or, le dévaluant par la même occasion. Ces dispositions provoquèrent l'engorgement du Trésor américain avec des dollars inchangeables en or, conduisant les banques occidentales partenaires à rechercher des débouchés et des investissements auprès de leurs anciennes colonies pour les écouler.

Dans leur élan de « *générosité* », les banques occidentales mirent donc à la disposition de ces jeunes États des fonds à faibles taux, restés néanmoins liés aux taux américains. Face à la nécessité impérieuse de financer des aménagements pour construire un environnement socio-économique moderne dans leurs territoires, les jeunes dirigeants africains saisirent au bond l'opportunité de ces prêts.

Après la récession économique consécutive au premier choc pétrolier, les Occidentaux eurent besoin d'écouler leurs marchandises, ils instituèrent donc des prêts État-à-État qui s'ajoutèrent aux crédits de développement et aux systèmes de crédits d'exportation.

En 1976 toutefois, les accords de la Jamaïque confirmaient l'écroulement du système étalon de change or, le remplaçant par des systèmes de change flottants entre monnaies. Dans la foulée, la crise qui frappa les États-Unis d'Amérique en 1979 les poussa à amorcer leur entrée dans l'ultra libéralisme, pour attirer les capitaux et relancer leur économie. Ce fut alors le « début » de la descente aux enfers pour les États subsahariens, car les taux d'intérêt antérieurement accordés passèrent du simple au triple.

Dans la panique, les dirigeants africains tentèrent de résoudre leurs problèmes financiers en développant les exportations. Sous la pression de leurs dettes, ils poussèrent l'exportation massive de leurs matières premières, triplant leur production de cacao, de café, de coton, de sucre, exploitant davantage les minerais et le pétrole pour parvenir à récupérer des devises et rembourser leurs emprunts.

Malheureusement, ils furent confrontés aux puissances du Marché, car la surproduction avait provoqué la baisse des cours des matières premières. L'Afrique subsaharienne endettée tentait seulement d'amorcer son développement, elle ne pouvait pas rembourser ses dettes, encore moins emprunter de nouveaux fonds pour poursuivre ses opérations d'aménagement. Elle fut alors sommée par les Institutions financières internationales de réduire ses dépenses. Toutefois, ces mêmes Institutions demeuraient malgré tout leur seul recours. Elles finirent par accepter d'octroyer aux seuls États éligibles, à de forts taux, des crédits d'infrastructures pouvant permettre d'assumer leurs remboursements. En contrepartie, elles obtinrent le consentement des États pour diverses extractions et les transports de richesses naturelles vers le marché mondial.

Les États africains reçurent des parts de financement pour être plus ou moins aptes à régler quelques dettes envers leurs créanciers, à condition d'être éligibles aux emprunts et d'accepter de mener une politique libérale. Ces exigences furent à l'origine de la mise en œuvre de nombreux plans d'ajustement structurels qui méritent une fois de plus d'être survolés pour mieux comprendre l'origine de l'enlisement de l'Afrique subsaharienne dans la pauvreté.

Compte tenu de leur situation économique, les dirigeants négro-africains furent contraints de respecter certaines clauses de coopération :

❖ Une production économique et agricole tournée vers l'exportation, dans l'optique de favoriser des rentrées de devises pour le remboursement des dettes.

❖ La mise en œuvre de politiques publiques soutenues par des baisses drastiques de budget dans les domaines de la santé et de l'éducation, bien que cette dernière fasse partie des principaux facteurs de développement du pays et d'émancipation des individus dans l'usage de leur liberté d'expression et d'appréciation.

❖ La contrainte visant à abandonner les subventions accordées aux populations pour les produits de première nécessité et qui impliquait l'augmentation des prix sur les marchés locaux qu'elles devaient alors assumer seules.

La réduction du nombre de fonctionnaires alors que ces postes étaient censés favoriser l'autonomisation des individus en vue de leur individualisation stable. Une fois de plus, les conditions nécessaires à la réalisation individuelle se heurtaient à des exigences collectives internationales dont la mise en œuvre était assurée dans les territoires par des experts occidentaux qui s'assuraient de l'effectivité des « décisions internationales ».

C) La corruption

Dès l'indépendance, certains dirigeants ont eu tendance à confondre les objectifs poursuivis par les « processus d'autonomisation des États » avec la « privatisation » des territoires dont ils devenaient propriétaires.

Au fil des ans, chaque « *titulaire d'autorité publique* » accapare sa parcelle, s'y investit dans son intérêt personnel, celui de ses proches et celui de ses réseaux locaux ou internationaux. Les gouvernants ont systématiquement tendance à œuvrer pour leurs intérêts personnels comme s'ils étaient propriétaires des biens de leur pays, ce qui fait de la corruption un des plus lourds fardeaux dans la région subsaharienne.

Selon *Tranparency International*, organisation non gouvernementale internationale d'origine allemande ayant pour principale vocation de lutter contre la corruption des gouvernements et des Institutions gouvernementales, les dirigeants négro-africains sont maladivement trempés dans le fléau chronique et pathogène de la corruption.

À la suite de la modernisation des Institutions, les pouvoirs sont devenus éphémères, incitant les leaders successifs, lorsqu'ils daignent éventuellement abdiquer, à s'empresser de cumuler des biens pour leur propre compte, convaincus que l'argent du contribuable profiterait mieux à leurs successeurs qu'à l'intérêt commun.

Le fléau de la corruption qui dévaste toute la région sert à enrichir le prestige social des personnes au pouvoir et du premier cercle de leur réseau.

Au cours de l'installation des structures modernes, bien que parfois dénués de compétences pour assumer leurs responsabilités, les hauts fonctionnaires devenus leurs filleuls ont souvent été complices des administrateurs coloniaux. L'usage a voulu que ces dirigeants s'entourent ensuite de leurs proches pour préserver leurs acquis. Officialisant la corruption, ces comportements ont fini par se cristalliser dans les consciences et les manières d'agir.

Toutefois, depuis la mise en place de la démocratie moderne en Afrique subsaharienne, les divers mécanismes et les nombreux systèmes de fonctionnement mis en œuvre devaient aboutir à une « bonne gouvernance », sous-entendu comme étant une gouvernance « vertueuse » qui résoudrait la pauvreté et les facteurs aggravants tels que la corruption.

Depuis des décennies, l'opinion publique estime cependant que la presque totalité des crédits de développement ou d'infrastructure contractés sont dès leur décharge officielle reversés officieusement sur des comptes privés appartenant aux dirigeants. Cette escroquerie à ciel ouvert ne choque pourtant aucun dirigeant du monde. Faudrait-il croire que cette malversation au sommet participe au renflouement des caisses des créanciers occidentaux et favorise la régularité des disponibilités et des liquidités que ces banques pourraient remettre en circulation pour d'autres « emprunteurs » qui sont souvent les mêmes?

La plupart des gouvernants du monde font partie des législateurs qui s'insurgent et régulent les lois sur les migrations économiques, lesquelles sont une conséquence de la pauvreté et de la misère, mais aucun ne s'insurge contre ces gigantesques malversations. Le business de la corruption dans lequel sont impliqués les dirigeants subsahariens depuis plus d'un demi-siècle contribue à l'enlisement des conditions de vie des populations et à l'enrichissement des banques occidentales.

d) Les conséquences de la situation socio-économique

Alors que les conséquences des dispositifs d'évolution politico-économique moderne impactent encore les conditions de vie des populations, l'Afrique subsaharienne subit en outre depuis quelques années un nouvel impérialisme, avec la complicité des gouvernants, recéleurs de haut niveau, dont les manigances obscures et malsaines risquent d'engendrer des catastrophes humaines dans les territoires et au-delà.

Avec son cumul de réserves de changes en dollars non convertibles en or, l'économie chinoise a également été impactée par le système étalon-or dont elle fait usage aujourd'hui pour racheter les dettes africaines envers les pays occidentaux. Elle s'investit particulièrement dans des acquisitions foncières et structurelles, exploitant les sous-sols en contrepartie de financements mafieux, blanchis dans des « chantiers officiels » pour la construction de certaines infrastructures.

Compte tenu de la forte mobilisation « d'experts » chinois non identifiés, qui privent parfois les populations de la possibilité d'exploiter elles-mêmes leurs ressources naturelles pour assurer leur survie, l'environnement politico-économico-sino-africain laisse présager une cristallisation de la pauvreté et le développement de divers trafics humains, exacerbés par un autre facteur désormais inscrit dans l'ADN des dirigeants africains, la corruption.

2. Les changements socio-environnementaux

En plus des changements structurels qui ont modifié le mode de vie des populations, ainsi que leurs conséquences biophysiques et socio-économiques connues, la société négro-africaine a vécu de nombreux bouleversements environnementaux associés aux mutations climatiques qui ont surtout impacté la pratique de la médecine traditionnelle et celle de divers rites sécuritaires où l'on voit l'incapacité de certains dirigeants à anticiper leurs effets.

La conception traditionnelle du développement relevait des valeurs animistes, cette vision est désormais considérée par les modernistes comme n'étant pas fiable. Pourtant, les croyances traditionnelles avaient tendance à conforter l'individu dans l'idée que son environnement faisait partie des choses durables, l'incitant à faire confiance à ses sens et à sa perception du monde.

Au sein de la culture négro-africaine, tout objet social constituait la représentation d'une divinité qui permettait à l'individu de mieux comprendre des informations en provenance de son environnement et de communiquer avec autrui. Le Négro-Africain assumait une écologie spontanée pour vivre en harmonie avec son milieu. Les sites sacrés étaient des lieux d'importance écologique, culturelle et spirituelle qui jouaient un rôle primordial dans la protection de la biodiversité et la construction d'une résilience face aux perturbations des écosystèmes dont dépendaient les ressources alimentaires.

Depuis les indépendances, l'enjeu de l'aménagement et du développement des territoires est crucial, car la modernisation était censée favoriser l'intégration des progrès scientifiques et technologiques pour soutenir la continuité des démarches collectives planifiées, ce qui supposait un accompagnement des mentalités dans le changement et l'adhésion de l'ensemble des populations aux nouvelles méthodes occidentales.

On constate toutefois que la conception négro-africaine du développement est rejetée sans retenir les éléments susceptibles d'enrichir les modes d'action modernes. Au nom de la modernisation, les dirigeants cèdent et détruisent unilatéralement des concessions ancestrales, des sanctuaires, pour des exploitations souvent frauduleuses et mafieuses qui ne profitent pas aux populations.

Dans la mise en œuvre de la modernisation des territoires subsahariens, certains plans de développement mettent frontalement en contact deux mondes, deux systèmes d'interprétation qui révèlent plus ou moins des oppositions de valeurs. En effet, l'identité des Négro-Africains se fondait face à tout changement sur la préservation du patrimoine ancestral, culturel et sacré. Il est donc indispensable qu'ils puissent s'approprier les actions à mettre en oeuvre et opérer à des substitutions coutumièrement acceptables pour les identités.

Bien que les individus soient attachés à leurs us et coutumes, la capacité d'adaptation aux changements fait néanmoins partie des spécificités humaines, mais on a l'impression que les actions de modernisation ont perturbé les possibilités de transmission et les représentations sociales.

Le changement de gouvernance a complètement transformé l'attitude des autorités politico-administratives dans la gestion des biens, alors que la démocratie moderne comme vecteur d'autonomie était censée accorder aux populations la possibilité d'édifier leur cité en s'inventant collectivement dans la concertation pour légitimer leurs actions.

La notion de démocratie a toujours été au cœur des politiques de développement dans la société traditionnelle négro-africaine. Les dispositifs de développement ont toujours été conduits à travers une relation de confiance entre les populations et les Institutions, mettant l'humain et son bien-être social au centre des actions et des décisions.

Désormais, la plupart des individus sont livrés à eux-mêmes, unilatéralement dépouillés des symboles et des représentations de leur appartenance. Or, pour pouvoir aller à la rencontre de l'autre, tel que le prévoient les mécanismes d'évolution mondiale, tout individu a besoin de s'identifier d'abord à une appartenance stable.

On constate au contraire que la modernisation détruit de plus en plus la relation de l'individu subsaharien avec Dieu et avec le milieu cosmique, dans son rapport tri-relationnel. On aurait tendance à croire que ces transformations menacent la relation à l'autre, car lorsqu'un individu perd les marques de son appartenance, il est bloqué dans son estime de soi et ne saurait facilement parvenir à la jouissance émotionnelle dont il a besoin pour assurer sa cohérence identitaire. Ce blocage pourrait être à l'origine de frustrations d'appartenance qui concourent à la négativité de l'individu.

Les populations subsahariennes sont d'autant plus frustrées que les gouvernements n'ont pas su conduire les processus de modernisation en accordant des moyens matériels propices à l'individualisation nécessaire à l'équilibre des individus dans des environnements étrangers. Les dirigeants des États ont plutôt participé à la destruction de valeurs culturelles jugées « non fiables » qui auraient pu servir de refuge pour la résilience individuelle.

Les frustrations imputables à la mise entre parenthèses ou à la destruction pure et simple de la relation tridimensionnelle des individus les conduisent à une perte du sentiment de fraternité qui peut les rendre plus ou moins incohérents, négatifs et ouverts aux conflits.

a) **Les réformes structurelles et les superpositions des lois**

La mondialisation fait apparaitre une souveraineté nouvelle « supra étatique, diffuse et polycentrique » qui participe à la régression de la souveraineté nationale et par conséquent à celle de la souveraineté populaire. Depuis que les États sont tenus de transférer les unités de survie et de sécurité physique de leurs ressortissants à des unités de survie supranationales, ils en font une excuse pour se dessaisir de leurs responsabilités.

Sous prétexte du respect des dispositifs et des normes internationales en vue de la globalisation, les dirigeants qui se succèdent à la tête des États subsahariens, tous aussi indifférents les uns que les autres à la misère des populations, excepté quelques figures panafricanistes qui ont malheureusement payé leur loyauté du prix de leur vie, se comportent comme des représentants locaux à la disposition des puissances coloniales.

Au lendemain de leurs indépendances, les jeunes États furent confrontés à d'évidentes difficultés financières qui les ont conduits à mettre en œuvre divers systèmes de gouvernance, superposés au fil des années, jusqu'à la démocratie moderne, puis la bonne gouvernance imposée par Bretton Woods.

Cette superposition de systèmes de gouvernance est cependant à l'origine des disparités qui ont établi des espaces indécents d'immunité juridique pour les riches et les puissants tout en contribuant à la planification d'espaces de soumission pour les faibles. Une superposition crescendo de lois de plus en plus exigeantes a été implicitement constituée, et prises ensemble celles-ci traduisent une part importante des imbroglios conflictuels que connait actuellement l'Afrique subsaharienne.

La majeure partie de ces conflits est consécutive à l'émergence des États postcoloniaux et de l'évolution suscitée par l'interférence entre divers droits:

✓ Les droits et les usages coutumiers.

✓ Les droits modernes et les normes relevant des différents États en fonction des cultures juridiques occidentales de chacun, ce qui n'exclut pas l'existence de confrontations de règles juridiques au sein d'un même État.

✓ L'application de certains traités et accords internationaux, datant souvent de la période coloniale, parfois ratifiés par des mesures coercitives.

Il en découle que la plupart des dirigeants des Institutions subsahariennes modernes se heurtent à des difficultés pour concrétiser certains principes de droit qui se rapportent souvent à l'enchevêtrement de leurs applications, mêlées aux principes politiques, et sont à l'origine de restrictions qui réduisent la marge de manœuvre des leaders.

Des mille-feuilles de lois créent des amalgames à l'origine de nombreuses dépossessions qui impactent certains droits à la propriété foncière, responsables des confusions qui titillent davantage les disparités culturelles déjà existantes, auxquelles s'ajoutent par la suite des difficultés socio-économiques et humaines.

Toutefois, la Charte africaine des droits de l'homme et des peuples, convention internationale adoptée par des pays africains dans le cadre de l'Organisation de l'Unité Africaine, engage les États membres à respecter et à maintenir des systèmes juridiques pluralistes, à priori dans le cadre de l'engagement pour une identité africaine fière, afin de mieux piloter une voie de développement où l'intégrité et l'héritage du continent seront maintenus.

Seulement, on constate un déphasage entre le droit officiel obligatoire relevant des accords imposés par les objectifs mondiaux et le droit coutumier, ce qui renforce la méfiance des populations envers leurs leaders hétéronomes qui rendent assez improbable le maintien d'une identité négro-africaine si « fière ».

b)   Les phénomènes d'insécurité

La stabilité politique et le développement socio-économique et humain de tout territoire passent en principe par un système de sécurité efficace qui respecte les droits de l'homme et ceux d'un environnement propice à sa construction, à son développement, ainsi qu'à la prévention des conflits.

La sécurité est un droit fondamental et un devoir imposé à tout État sur l'ensemble de son territoire pour défendre ses Institutions et ses intérêts nationaux. Par la mise en œuvre de dispositifs fiables de maintien de la paix, dans le respect de l'ordre public, il est chargé de protéger les personnes et des biens.

Tout en garantissant la protection des droits individuels, les dirigeants doivent développer des politiques sécuritaires aptes à concilier les logiques politiques et les aspirations des populations.

Toutefois, ayant été influencés par une doctrine sécuritaire coercitive conforme aux modes opératoires des ex-colons, ces dirigeants négro-africains n'hésitent pas à les mettre en pratique au détriment des réalités territoriales, en fondant certaines décisions unilatérales sur la raison d'État plutôt que sur l'histoire ou les valeurs traditionnelles et communes.

On assiste de plus en plus à une escalade de revendications idéologiques et à des atrocités de toutes sortes, principalement dans des conflits internes qui conduisent à la mort de milliers de personnes, majoritairement civiles. Toutefois, la plupart des défis sécuritaires transnationaux comme le terrorisme, les trafics de drogue et maintenant les changements climatiques, sont concentrés sur le plan global, mobilisant une collaboration internationale, notamment au plan militaire.

L'évolution occidentale a posé le principe de la sécurité en fonction d'alliances éphémères issues de la Guerre Froide, à travers une aide militaire qui oublie trop souvent les dynamiques économiques et politiques des territoires et fait parfois fi des fléaux sociaux tels que la corruption, l'autoritarisme et la mauvaise gouvernance qui rongent les États subsahariens de l'intérieur en y enracinant la pauvreté.

En dépit de l'existence de quelques dispositifs susceptibles d'attirer des investisseurs privés pour stimuler la croissance territoriale au moyen d'initiatives de développement environnemental propices à l'emploi, on constate que les gouvernements ne parviennent pas à agir de manière transparente et équitable pour fournir des services aux populations et ne parviennent pas non plus à garantir leur sécurité.

Pourtant, les gouvernements sont les premiers affréteurs de paix, car sans emploi, les familles n'ont pas d'abris, elles se déchirent et sont vulnérables; ce qui rend les membres de la famille et les individus à crans, prêts à s'enflammer.

Les populations subsahariennes confrontées à la pauvreté essaient de survivre au quotidien pourtant, les autorités sont garants de leurs sécurités et tenues par des lois, à leur permettre de vivre décemment, car «toute personne, en tant que membre de la société, a droit à la sécurité sociale; elle est fondée à obtenir la satisfaction des droits économiques, sociaux et culturels indispensables à sa dignité et au libre développement de sa personnalité, grâce à l'effort national et à la coopération internationale, compte tenu de l'organisation et des ressources de chaque pays»[69]

Les parents impuissants ont de plus en plus tendance à se dessaisir de leurs responsabilités familiales, pour quêter les moindres opportunités de subsistance afin d'échapper aux difficultés de la vie. Pour se constituer des revenus, ils se laissent séduire par des agissements criminels comme les trafics d'armes locaux et transnationaux. Les trafics humains n'y dérogent pas et tendent à se développer encore davantage comme une activité courante. Des familles s'investissent ainsi dans des réseaux de commercialisation sur l'écoulement de dérivés humains : la chair, les organes, jusqu'aux ossements.

La misère a conduit les négro-africains à une amnésie culturelle qui leur faire perdre jusqu'au respect de l'humain. Ils banalisent désormais la mort et tuent à tout va. Ils ont cessé de diviniser les morts et ne croient plus en la réincarnation. La prostitution se développe avec ses corolaires tels que les maladies sexuellement transmissibles, en particulier le Sida qui laisse de nombreux orphelins que la société ne peut prendre en charge.

D'après l'Office des Nations Unies contre la Drogue et le Crime, « depuis quelques années,

---

[69] Déclaration des droits de l'homme : article 22

l'Afrique de l'Ouest, en raison notamment des politiques de lutte contre le trafic de cocaïne en provenance d'Amérique latine, est devenue une zone de transit pour la drogue produite de l'autre côté de l'Atlantique »[70], en Amérique du Sud. L'Afrique subsaharienne passe pour devenir le point de transit de la cocaïne consommée en Europe.

Facteur de transformation négative des Négro-Africains, le développement de ces fléaux invite à dénoncer les modes de certains dispositifs d'évolution moderne et démontre la faiblesse des contrôles effectués dans les aéroports et aux frontières qui souligne la complicité de certains gouvernements corrompus fermant les yeux sur les trafics dans l'intérêt de leurs réseaux et au détriment de la sécurité des populations.

Outre la porosité des frontières qui facilite la contagion des insécurités entre pays voisins, la corruption fait partie des facteurs de risque concernant les problèmes sécuritaires, d'autant plus que les salaires misérables alloués aux personnels déjà sous-équipés et censés assurer la sécurité des populations en faisant face aux trafiquants ne les motivent pas à maintenir une réelle « loyauté » envers les dirigeants.

---

[70] ONUDC, Rapport mondial sur les drogues, 2016.

À l'instar de l'exploitation sauvage des forêts, responsable de dramatiques changements climatiques qui accroissent la vulnérabilité des populations, d'autres facteurs d'insécurité participent à faire le lit des instabilités, démontrant encore davantage l'incapacité des gouvernants à préserver l'environnement et dénonçant surtout leur inaction pour anticiper l'irruption des problèmes. Ces « manquements » poussent le citoyen à douter de l'aptitude de ses dirigeants à assurer quotidiennement et dans la durée sa sécurité et celle de ses biens.

Ajouté à ces instabilités, le manque de confiance contribue à installer des climats de peur et de suspicion qui impacte l'environnement social, fragilise les États et les rend de plus en plus vulnérables. Ces attitudes affaiblissent les populations et les Institutions qui perdent la face, rendant impossible le dialogue qui pourrait favoriser d'éventuels accords de collaboration en vue du bien-être de tous.

Au final, l'état des lieux laisse entrevoir une situation de désespérance et de désillusion qui déprime les populations subsahariennes misérables, incapables d'exploiter elles-mêmes leur environnement naturel pour vivre et s'épanouir, tandis que les processus de modernisation qui leur promettaient l'autonomisation les prédisposent aux conflits.

B- LES SOURCES SUBJECTIVES DES CONFLITS

Définies comme des phénomènes humains, comportementaux et relatifs aux relations d'interdépendance factuelles, les sources des conflits ne sauraient être ni mesurables ni quantifiables, encore moins palpables, d'autant plus que les interactions et les inter-responsabilités fondent la subjectivité des ressentis et déterminent des situations qui impactent l'affect des individus, rendant leurs causes « hypocrites » au sens étymologique du terme.

Selon ses connaissances, sa personnalité et d'autres facteurs influant sur les conditions socio-environnementales de sa vie, chaque individu impliqué dans un conflit a sa propre perception des choses qui le conduit à observer, à interpréter, puis à plus ou moins comprendre les situations et à réagir par la critique ou le jugement de l'autre. On pourrait en déduire que la plupart des interactions existant avant les « crises », avant d'en « juger », rendent les sources réelles des conflits sournoises, subjectives et difficiles à proportionner.

Les différentes étapes d'évolution sociale mises en place dans les territoires subsahariens ont contribué à modifier l'habitus mental, socio-culturel et environnemental des individus, par la transformation des modes et des conditions de vie, particulièrement les modes d'interaction d'individus à individus et celles des populations aux dirigeants. Avec des prescriptions de rôles, des modes de conduite et des attentes spécifiques, l'identité individuelle a tendance à s'attacher aux éléments subjectifs de son statut.

La situation conflictuelle subsaharienne met en exergue un réflexe identitaire exaspéré par une violation des droits humains qui découle des actions ou des inactions des gouvernements. La responsabilité du mal-être des populations ne saurait être uniquement imputable à la nature des relations et des interférences exogènes et particulièrement occidentales. Les conflits qui minent les territoires subsahariens trouvent aussi leurs sources dans des phénomènes locaux.

L'épilogue de l'analyse ébauchée dans la première partie sur la civilisation négro-africaine nous montre que cette société de solidarité et d'entraide était pacifiste et donne à penser que le lien profond de fraternité qui soudait les individus découlait de leur appartenance à cette culture commune, à sa conception de la vie qui insufflait à chacun le devoir de la préserver au-delà de l'humain.

Dans cette société tellurique, la sécurité était assurée par les génies protecteurs. Le « nous » prévalait et la recherche de la satisfaction des besoins essentiels était immédiate et collective. Les principaux risques pour la survie des populations venaient souvent de la nature, avec des pénuries de gibier ou des épidémies graves. Les individus parvenaient ensemble à satisfaire leurs besoins fondamentaux. Ils étaient épanouis, développaient une identité cohérente et pouvaient se réaliser dans l'éternité.

Désormais, la démocratie moderne a tendance à bloquer les individus comme l'indique le tableau ci-dessous. En partant du bas, les populations subsahariennes éprouvent des difficultés à :

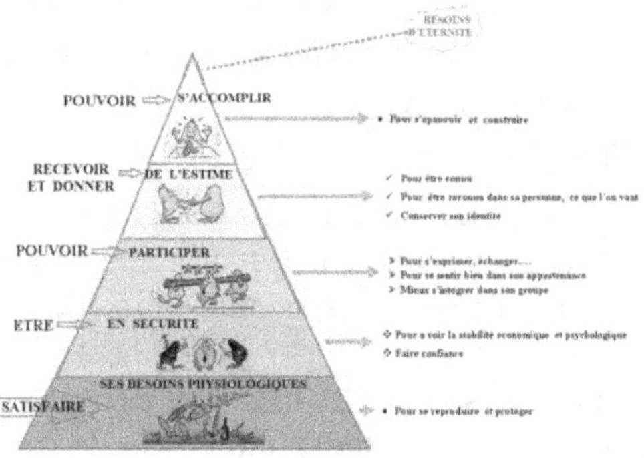

Fig. 11: **Besoins fondamentaux de l'individu à travers un principe démocratique**

Quel est l'état des lieux un demi-siècle plus tard?

1. *Le lien social*

L'analyse du lien social et de son évolution dans le contexte de l'individualisation et de la mondialisation est inséparable de la compréhension du changement social qui touche désormais la société négro-africaine.

Dès 1887, le sociologue allemand Ferdinand Tönnies avait posé la question de la transformation du lien social. Il opposait deux types: la communauté propre aux sociétés traditionnelles, au sein desquelles la proximité et l'interconnaissance de ses membres sont fortes, et la société moderne, impersonnelle, au sein de laquelle les relations sont contractuelles et non plus fondées sur la seule confiance.

Max Weber propose d'analyser la transformation du lien social en distinguant les rationalités traditionnelles et « affectuelles » propres aux sociétés traditionnelles, des rationalités en valeur et en finalité qu'on reconnait aux sociétés modernes. Le constat conduit à un paradoxe résultant de l'évolution du lien social dans les sociétés modernes où l'autonomie croissante de l'individu débouche sur des interdépendances plus étroites avec les autres membres de la société.

Alors que dans les sociétés traditionnelles à solidarité mécanique les individus étaient inscrits dans un cercle étroit de socialisation, les sociétés modernes se caractérisent par la pluralité des liens qui les relient au monde social.

Les recherches de Georg Simmel et Norbert Elias ont mis en évidence la pluralité des appartenances. Ils analysent le lien social des sociétés modernes comme un entrecroisement de plusieurs liens. Norbert Elias se sert de l'image d'un filet pour illustrer ce qu'il nomme une configuration : « un filet fait de multiples fils reliés entre eux. Toutefois, ni l'ensemble de ce réseau ni la forme qu'y prend chacun des différents fils ne s'expliquent à partir d'un seul de ces fils, ni de tous les fils eux-mêmes. Ils s'expliquent uniquement par leur association, leur relation entre eux[71] ».

Il est évident qu'au sein des sociétés modernes, la solidarité organique se met en place de façon institutionnelle, assurant à tous une plus grande protection contre les risques sociaux. Cependant, ce mouvement est progressif et va toucher l'ensemble des liens qui rattachent l'individu à la société. Ce sont les liens de filiation évoqués, les liens de participation organique entre acteurs de la vie professionnelle, les liens de citoyenneté, que nous analyserons, qui sont considérés comme les liens d'appartenance des individus négro-africains aux États modernes.

---

[71] Norbert Elias, La société des individus, (1ère édition en allemand, 1987), Paris, Fayard, 1991.

Dans l'espace public de ces sociétés dites démocratiques, on assiste à une explosion de frustrations liée aux attentes et des demandes de reconnaissance insatisfaites concernant aussi bien les droits fondamentaux que les libertés civiles et politiques et celles qui concernent certains droits spécifiques qu'on cherche à intégrer dans le groupe des droits fondamentaux, tels que les reconnaissances de spécificité culturelle.

L'ensemble des rapports interpersonnels sont traversés de demandes permanentes de reconnaissance qui, même si elles ne sont pas toujours codifiées, n'en demeurent pas moins intenses.

La société étant l'unité d'ordre dominant au sein de laquelle tout individu devrait pouvoir s'affirmer et s'épanouir à partir de son identité de base, la reconnaissance politique et la reconnaissance sociale informelle reposeraient sur la valorisation de propriétés communes.

On pourrait se référer à la pensée de Habermas selon laquelle c'est d'abord la constitution de l'identité civique qui permet aux autres formes de reconnaissance de trouver un cadre à partir duquel non seulement ces reconnaissances seront possibles, mais deviendront aussi significatives.

Bien que l'identité individuelle ait tendance à se construire et à se transformer par elle-même, par le langage qui relie les individus au quotidien dans les faits économiques, politiques et culturels, l'humain a une capacité naturelle de communication sociale qui l'aide à se développer et à s'épanouir.

Quel que soit le territoire, la coexistence sociale est pleine de contradictions et de tensions, alors même que l'identité individuelle a besoin de poursuivre sa construction à travers les interactions. On constate souvent que la posture de la plupart des leaders subsahariens dont la personnalité est double est loin d'être inclusive, car ils organisent et décident sans impliquer les populations.

Dans les sociétés traditionnelles négro-africaines les pouvoirs des dirigeants étaient incontestables et sacrés, conférant aux autorités le droit d'être obéies, d'être respectées et craintes, mais il semble que les dirigeants modernes soient amnésiques. Selon leurs intérêts, ils préfèrent se positionner du côté où l'herbe est moins entourée de ronces, s'affirmant comme des autorités incontestées lorsque les citoyens protestent de leurs situations et comme des chefs d'État lorsqu'il faut aller au-devant des négociations internationales pour protéger leur position. Ils contournent l'éventualité de décisions consultatives publiques.

On pourrait déplorer les attitudes égocentriques de ces leaders, tantôt rois, tantôt chefs d'État modernes, qui telles des chauves-souris, mi-oiseaux, mi-souris, tentent de se positionner dans l'un ou l'autre rôle en s'assurant et en préservant leurs intérêts à partir des deux postures. Aujourd'hui, les comportements exclusifs de la plupart des dirigeants subsahariens contredisent aussi bien les valeurs traditionnelles que les valeurs modernes de la société.

Par essence, l'individu a pourtant besoin de l'autre. Le citoyen négro-africain recherche auprès de l'autre, au sein des collectivités ou auprès des personnalités à la tête des Institutions locales et étatiques, la satisfaction de ses instincts humains fondamentaux, avec une reconnaissance réciproque nécessaire à la cohésion de la société.

L'interdépendance se justifie par le besoin de recevoir l'approbation affective des autres, y compris celle des leaders, à travers la satisfaction du « *prendre* » et du « *donner* » qui font partie des ressorts de bienveillance et de compassion indispensables pour le bon fonctionnement des rapports dans toute structure humaine.

L'autonomisation revendiquée de l'individualisme exige des citoyens qu'ils soient actifs, qu'ils prennent le temps de s'informer, de se réunir, de débattre, puis de participer à la vie publique, non seulement pour défendre leurs intérêts particuliers, mais pour rechercher avec les autres le bien-être commun.

Le dialogue et la communication font appel à une redéfinition de la société dans l'optique d'un meilleur enracinement des modes d'élaboration des dispositifs aptes à répondre aux besoins des individus et aux attentes de l'ensemble des acteurs de la société. Par l'écoute réciproque, il faudrait nécessairement une réelle connexion entre les populations et les Institutions pour construire des politiques publiques partagées et acceptées par tous.

Les interactions bienveillantes entre les citoyens et les dirigeants des Institutions sont déterminantes pour la stabilité identitaire des individus et pour le maintien de l'équilibre social, particulièrement si les identités individuelles combinent l'identité personnelle, formée en réaction à l'attitude des autres, et l'identité sociale définie par les interactions qui internalisent ces attitudes.

On pourrait alors comprendre que la construction identitaire est portée par une assurance morale pouvant être définie comme la jouissance des possibilités d'autoréalisation individuelle qui trouve principalement sa source dans les attentes relationnelles et dans la reconnaissance sociale qui affirme qu'il n'y a pas d'identité du « je » sans identité du «nous».

Désormais, la société moderne laisse transparaitre une appropriation inacceptable de la parole et de la justice sociale par les dirigeants dont les attitudes non seulement ne favorisent pas l'instauration d'un rapport de confiance entre les citoyens, mais leur accordent encore moins de possibilités d'affirmation et d'épanouissement pour construire leur identité de manière cohérente. La négativité relationnelle rend les populations vulnérables, aigries, en proie à la colère.

Toute relation sans confiance tend à empêcher l'individu de garder la face pour préserver une identité stable dans son rôle. Il ressort de cette relation humiliante entre les dirigeants aux attitudes dédaigneuses et les citoyens, un rapport propice à l'émergence des violences et des comportements de rejet et de révolte.

a) L'exclusion des populations des décisions publiques

À travers la mise en application des droits et des devoirs du citoyen, la civilisation occidentale a mis en œuvre un processus naturel d'exclusion qui contribue à marginaliser ou à exclure des individus incapables de suivre les prescriptions de la société moderne. On assiste désormais à une opposition entre une identité pour soi et une identité pour autrui.

Les processus de mondialisation conduisent en plus à orienter les lignes directrices des politiques publiques vers la consolidation des normes qui ne tendent pas à niveler et à uniformiser des niveaux de vie, mais accentuent davantage les disparités, tout œuvrant inexorablement à produire des exclus.

On constate une inadéquation entre les aspirations des populations et celles des gouvernants dont les politiques conduisent aux exclusions. Le sentiment d'exclusion relève de la rupture entre la gestion de la chose publique et l'absence de prise en considération des attentes des populations.

La construction des États subsahariens s'est faite sur des territoires découpés et constitués de diverses ethnies qui se sont retrouvées séparées de leurs clans d'origine par des frontières, sous une bannière dominante qui interdit l'expression d'identités différentes. Depuis les indépendances, une hégémonie ethnique est à l'origine de l'assujettissement et de la marginalisation de certaines franges de la population, exacerbant les phénomènes d'exclusion dus à la modernisation de la société.

À travers des mesures contraignantes qui ne permettent pas la satisfaction des besoins des populations, les dirigeants modernes leur imposent souvent de se soumettre à la mise en œuvre des accords et des traités ratifiés à leur insu, alors qu'ils ne leur concèdent pas les possibilités de s'épanouir (voir figure ci-dessous). Ces attitudes impactent négativement la cohésion de la société, d'autant plus que la participation des populations à l'élaboration et au suivi des politiques publiques, particulièrement celles qui sont en situation de pauvreté, devrait aider à mieux les étoffer en les confrontant aux réalités quotidiennes des bénéficiaires pour une bonne construction citoyenne individuelle et collective.

Fig. 12 : Pyramide des relations d'interdépendance populations / institutions

Quelle que soit sa forme, toute exclusion tend à fragiliser l'individu dans son identité et peut l'empêcher de se mettre en mouvement pour mieux penser sa vie, projeter ses désirs et les réaliser.

En ce qui concerne les questions d'intérêt public, la plupart des leaders négro-africains n'associent aux prises de décision ni la société civile ni les secteurs privés (à moins qu'ils participent au financement des campagnes). Pour la conduite des politiques publiques, ils renvoient les populations à elles-mêmes, au sein de divers « nous » collectifs mais vides, dénués de tout lien naturel de considération. La frange « d'élus » censés représenter les populations préfère préserver ses intérêts matériels et financiers contre les intérêts communs.

193

Contrairement à la société moderne, la civilisation négro-africaine traditionnelle tenait les individus ensemble sur des socles stables et effectifs qui favorisaient leur épanouissement. L'évolution sociale a conduit à la disparition des limites sécuritaires divines, puis au délitement des solidarités traditionnelles, ce à quoi fait suite une augmentation des insécurités et l'isolement des populations exclues du système, conduites à se détacher de la chose publique.

Le sentiment d'inclusion sociale fait partie des facteurs de motivation qui incitent l'individu à l'action collective. Le regain d'intérêt pour l'action collective est pourtant déterminant pour sa santé psychique en favorisant le développement de l'estime de soi sans laquelle il perd celle des autres et s'ouvre à toute forme de dérive pour la recouvrer.

b) Les transformations sociologiques

Depuis plusieurs siècles, la société négro-africaine est en mutation. Bien que cette civilisation ait perdu son authenticité dans la modernisation, certaines bribes de traditions essaient de résister avec ténacité aux changements, dans certaines consciences, car en dépit de l'acquisition de la citoyenneté moderne, ces statuts ne priment pas dans l'ordre d'appartenance des Négro-Africains. La plupart n'en semblent pas fiers parce que les promesses d'autonomisation et d'individualisation n'ont pas été tenues. Depuis les interventions colonialistes, les négro-africains endossent des valeurs sociales souvent contradictoires, à l'origine de comportements qui ne correspondent pas à leurs valeurs fondamentales, mais qui influent portant sur leur essor identitaire et participent à leur déstabilisation.

L'évolution actuelle de la société a détrôné et déresponsabilisé la famille vis-à-vis de l'individu et accentué « *l'humanisation des chefs traditionnels* », ces anciens patriarches demi-dieux qui constituaient les principaux symboles d'appartenance des individus négro-africains. Désormais, la plupart d'entre eux ont choisi de monnayer leur notoriété traditionnelle en devenant les auxiliaires d'administrations modernes, ou des élus aux suffrages modernes, se subordonnant aussi bien face à leurs sujets, qu'aux autorités modernes, "opposées" aux populations.

Les chefs traditionnels, autrefois gages des valeurs morales sont devenus des partenaires des gouvernements qui répriment et de fait les « représentants » des institutions financières, esclavagistes modernes; la désertion de cette autorité, qui autrefois constituait l'unique pouvoir de cadrage de l'individu négro-africain, constitue en elle seule un gros échec pour l'évolution pacifique de l'humanité, par l'Afrique.

D'autre part, la gérontocratie a perdu son rôle d'encadrement systématique et instantané des jeunes dans la société. Le droit moderne a détrôné la morale et le respect des valeurs. Les jeunes ne respectent plus les adultes, tous égaux en droit et devoir, les parents agressent les enseignants au vu de leurs progénitures. La société devient permissive à certaines dérives.

Jadis référentielle, l'institution de la famille et des liens familiaux a perdu son statut, faisant place à des configurations individuelles plus ou moins contradictoires qui conduisent aux incertitudes relationnelles. Les diverses interactions froides et impersonnelles existant au sein de familles souvent réduites à la gestion matérielle laissent entrevoir la déstabilisation des cadres de socialisation et la destruction de la fonction familiale.

Avec ces transformations, l'individu négro-africain éprouve le besoin de poursuivre sa quête de soi à travers les projections qui s'offrent désormais à lui, entre une vision idéale et la vision de ce qu'il devrait être à travers les processus d'individualisation dans la citoyenneté mondiale censée le conduire à la fierté du «JE». À l'inverse, les difficultés d'individualisation font naitre des conflits internes chez les individus en rapport à l'engagement moral et au sentiment de culpabilité qui contribuent à les déstabiliser.

La contradiction entre ces dimensions de soi porte non seulement atteinte à la cohésion personnelle, mais incite aussi l'individu à se dévaloriser davantage par des faits de violence, par peur de ne pas être à la hauteur des différentes situations qu'il ne parvient pas à gérer. Le Négro-Africain excelle désormais dans les crimes et la violence. Comme à la télévision, il est celui qui fait couler le sang de son prochain sans sourciller. Il ne croit plus à la malédiction du sang versé, il frappe mortellement des passants dans la rue et même sous le regard des ainés, sans le moindre respect pour l'humain.

La « désacralisation » de l'environnement et des valeurs, y compris celle de la vie humaine, a conduit à la disparition des points d'appui et démontre réellement le délitement de la société négro-africaine, en ce qu'elle entraine un dérèglement comportemental néfaste à la vision positive de soi. L'individu en souffrance tente de soulager ses tourments par l'agressivité et la dissonance cognitive, réaction naturelle de défense qui s'oppose à l'estime de soi.

Avec la mondialisation, le choc des civilisations est la plupart du temps responsable de la montée en puissance des nationalismes locaux et territoriaux qui incarnent la haine de l'autre et rappellent à quel point certains dispositifs de globalisation civilisationnelle mis en œuvre dans les territoires auraient intérêt à permettre une adaptation progressive dans la durée pour préserver la construction identitaire des individus.

Bien que la culture soit l'élément fondamental de rapprochement des peuples, les conflits modernes faisant suite à divers antagonismes sont de plus en plus relatifs aux identités culturelles et se rapportent à l'évolution globale de l'humanité qui tend à mettre ensemble des civilisations diverses.

Parfois Bantous-français, parfois négro-africains-anglais et souvent Bantous-Anglais-Français ou souvent Bantous-franco-espagnols et/ou portugais, les populations subsahariennes, en dehors des migrations internationales, ont déjà du mal à assumer leur double, voire triple culture au sein même de leurs territoires. Elles sont en plus soumises à une sorte d'équilibrisme néfaste pour la société qui mériterait d'être entendu dans les instances globales.

La manifestation de certaines souffrances internes à la plupart des individus a tendance à entretenir une culture de guerre dans l'explosion des ressentiments qui les poussent à s'en prendre aux symboles, dans des manifestations de violence qui évoquent leur besoin d'affranchissement et fragilisent le vivre ensemble.

2. L'inadaptabilité des gouvernances occidentales à la culture négro-africaine

La construction des États subsahariens a laissé s'exprimer des tensions et affiche encore des oppositions dans des démarches contradictoires qui laissent penser que le sous-continent a perdu son âme en abandonnant sa gouvernance traditionnelle pour les mécanismes de gouvernance modernes.

En principe, l'intérêt général est au centre des débats de toute institution démocratique. Les besoins et les attentes des populations devraient motiver les politiques publiques. La mission principale des leaders modernes ayant toujours été fondée sur le développement selon des objectifs globaux, les décisions politiques mises en œuvre dans les territoires subsahariens sont généralement fondées sur « la raison d'État » qui incite les dirigeants à obéir aux dictats des Institutions internationales, tandis que la logique économique se globalise et s'éloigne des réalités locales.

Lorsqu'on a conscience que dès le départ la conception du développement des territoires subsahariens répondait à une entreprise de légitimation de la logique coloniale et qu'elle avait pour ambition première de résoudre des problèmes auxquels faisait déjà face l'administration coloniale en exploitant et en exportant dans la durée les ressources naturelles vers la métropole occidentale, on pourrait aussi imaginer que leur isolement décisionnel au niveau international et le maintien de la sous-région dans la « primarité » seraient favorables pour son contrôle. L'Afrique subsaharienne produit de la nourriture alors qu'elle meurt de faim comme le traduit la caricature ci-dessous malsaine.

Fig. 13 : Image traduisant l'effet de la loi des Marchés

De fait, l'Afrique subsaharienne ressemble à un vaste champ de collecte de matières premières dont le traitement est réalisé ailleurs, notamment en Occident. Cette région « pauvre » passe pour être un des grands producteurs de cacao à bas prix sur les marchés internationaux grâce à l'exploitation des enfants qui travaillent à plein régime dans les champs.

Fig. 14 : **Enfants récoltant des fèves de cacao**[72]

Cependant, la majeure partie des familles africaines n'a pas la possibilité de s'offrir une barre de chocolat. Selon *Jeune Afrique*, « en 2017 un Ivoirien a consommé en moyenne 500 grammes de chocolat contre 3, 6 kilos pour un Français »[73]. Un comble pour des pays producteurs du cacao !

Dans les rayons des supermarchés, les prix des produits chocolatés sont très élevés pour l'ivoirien moyen : 2, 30 euros la tablette industrielle transformée sur place, environ 4 euros la tablette importée, alors que pour ces mêmes coûts, ils ne

---

[72] Planète 360 : juin 2017

[73] *Jeune Afrique*, Dossier « Agriculture : pourquoi le chocolat est-il si peu commun chez le premier producteur mondial de cacao? », 01 avril 2018.

peuvent pas s'offrir une plaquette de quinine dans une pharmacie.

L'Afrique est transformée en grenier, alors que les tables se dressent en occident. Pourquoi reprocherait-on aux migrants de se déplacer des champs vers les cuisines et éventuellement de pouvoir se mettre à table? L'occident souhaite se dresser au sommet des territoires et se présenter comme étant l'endroit où il fait mieux vivre? L'humain inconsciemment porté par la quête du mieux vivre.

L'Asie vient à la rescousse pour sortir les populations de la faim et particulièrement en Afrique subsaharienne où les chinois exploitent les terres et la main d'œuvre négro-africaines pour la culture du riz, qu'elle exporte ensuite vers l'Empire du Milieu. Elle importe en retour du faux riz en plastique sur le sol africain, indécelable du vrai (voir photo ci-dessous) et dont la consommation pourrait avoir des conséquences redoutables.

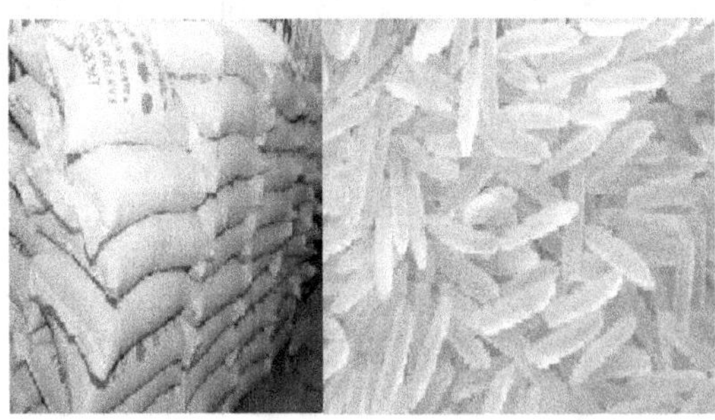

Fig. 15 : Un des labels de faux riz chinois, vendu en Afrique

Centrale

L'intégration de la société négro-africaine au sein du marché a accéléré la crise des Institutions politiques et celle de la citoyenneté. Les leaders obéissent au doigt et à l'œil aux Institutions internationales sans user d'aucune marge de manœuvre pour préserver l'humain. Ils restent indifférents aux conditions de vie difficiles et invivables que subissent leurs concitoyens.

Ils ne sont pourtant pas inconscients et encore moins dupes. Combien de dirigeants africains se soignent-ils dans les « hôpitaux » locaux ? La plupart des gouvernants et même les simples directeurs de département préfèrent envoyer leur famille en Occident, pour mieux vivre, tandis qu'ils exploitent et « gouvernent » des affamés.

Combien de dirigeants négro-africains modernes profitent des vacances au bercail et invitent leurs homologues occidentaux à passer des vacances sur les plages africaines ?

L'Afrique a de belles plages, des cocotiers, qui attireraient de nombreux visiteurs de par le monde, en stimulant les petits commerces et l'artisanat, secteurs pourvoyeurs d'emplois. Nos dirigeants préfèrent financer leur sécurité dans les hôtels et sur les plages occidentales. Combien de dirigeants se vêtent chez les couturiers africains lors des rencontres internationales pour valoriser le travail des pauvres négro-africains ? Étonnamment, lorsque ces gouvernants décèdent, généralement en Occident, car ils s'y soignent tous, ils insistent pour être enterrés sur leurs terres ancestrales. Le sacré resurgit pour la mort, les dirigeants africains considèrent eux-mêmes l'Afrique subsaharienne comme un vaste cimetière, car ils préfèrent s'épanouir en occident, et n'y demeurer pour la postérité que lorsqu'ils sont morts.

Est-il besoin de développer un cimetière ? Comment peut-on envisager de construire des infrastructures dans un cimetière ?

Depuis quatre générations, les populations subsahariennes se trouvent confrontées sans l'avoir choisi à des difficultés issues d'une mauvaise transition historique des gouvernances qui les pousse en permanence à s'inquiéter. Lorsque certains dispositifs modernes sont malgré tout mis en œuvre, ils n'accordent pas les moyens d'anticiper et de mieux gérer les conflits parce qu'ils sont unilatéraux et n'impliquent pas les personnes concernées dans la gestion de leurs différends. Les populations sont braquées, leurs conflits sont résolus en leur absence comme si elles n'existaient pas. Cependant, elles essaient d'exister en contestant toutes les décisions prises par les autorités politiques, marquant par là même la délégitimation des États, car l'exclusion permanente des populations qui ne peuvent constituer de contre-pouvoir accentue l'autoritarisme des dirigeants.

Il en ressort que tous les espoirs portés par la vision idéale de l'évolution sont trahis. Ils sont perçus dans la conscience collective comme une forme de recolonisation de l'Afrique avec l'aide des gouvernements modernes, ce qui entraine des frustrations engendrées par la déception collective, conduit à des souffrances internes qui empêchent les populations d'établir des relations franches et saines avec leurs leaders.

C- LA MONTÉE EN PUISSANCE DES CONFLITS

En principe, les processus d'évolution sociale devraient tendre vers l'aboutissement d'une sphère sacrée, un monde réel à travers lequel les individus se rassembleraient autour de projets d'intérêts communs et agiraient ensemble pour susciter, entretenir ou reconstruire certains états mentaux, en vue d'acquérir davantage de dignité.

Le développement humain pourrait se définir en fonction des possibilités offertes aux individus par les autorités pour vivre longtemps et en bonne santé, acquérir du savoir et avoir accès aux ressources nécessaires pour un niveau de vie décent qui reflète la qualité de vie des populations et prend en compte leurs facteurs socio-culturels.

Il semble que l'individu négro-africain actuel est sans cesse délégitimé dans ses rapports aux Institutions. Les populations considèrent que la promesse d'évolution sociale n'est pas tenue. Au fil des générations, les interactions et les rapports avec les gouvernants ont contribué à briser la dignité des personnes, désarticulé la démocratie et généré des attitudes protestataires.

Toute manifestation qui touche les affects s'accompagne de réactions et d'impulsions susceptibles de tordre les attitudes individuelles. La violence est générée dès qu'existe un écart ou un vide entre les attentes des individus et les réalités de la société. En l'occurrence, les difficultés à satisfaire les besoins essentiels conduisent les individus à la violence. Le processus conflictuel se met en œuvre à partir de ces manifestations objectives qui causent des désagréments subjectifs.

Les populations subsahariennes connaissent la misère, elles sont pauvres et sans-emplois, incapables de satisfaire leurs besoins fondamentaux; vulnérables, les populations sont l'objet de mépris tant dans leurs territoires d'origine, qu'au sein des territoires d'accueil lorsqu'ils s'y rendent obligées de fuir la fin, alors que leurs territoires regorgent de richesses exploitées par des lobbies dont les revenus ne leur profitent pas. En plus des pertes de symboles d'appartenance identitaire, les actions et les inactions des gouvernants brisent davantage les illusions et exacerbent la situation socio-économique déplorable qui produit des individus en colère.

Cette pauvreté socio-environnementale révèle une diversité de comportements qui exprime la « psychologie du ressentiment »[74] à l'origine de l'explosion des conflits (voir figure ci-dessous). Les individus frustrés connaissent des crises psychologiques qui engagent une dynamique émotionnelle et ascensionnelle complexe, facteur de comportements perturbés de résistance.

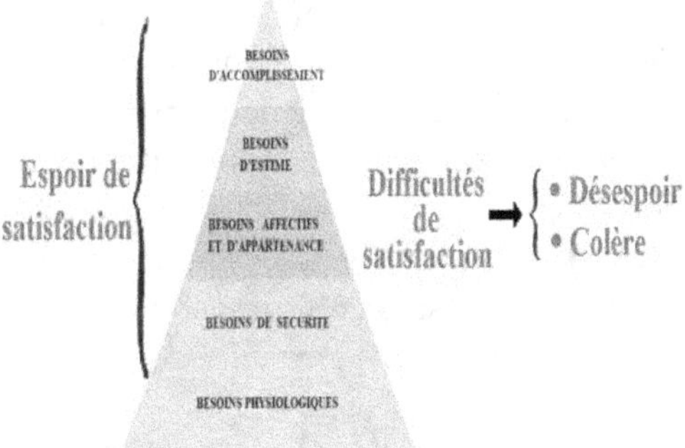

Fig. 16 : **Processus d'évolution de la colère**

Le psychologue social et comportementaliste Kurt Lewin dont les recherches ont porté entre autres sur la « dynamique des groupes » a consacré toute sa vie à la défense des valeurs de tolérance et

---

[74] R. BASTIDE, Sociologie et Psychanalyse, chap. XI : « Le Heurt des Races, des Civilisations et la Psychanalyse », Paris, P.U.F., 1950

de liberté, notamment avec les travaux qui portaient à promouvoir la démocratie à l'intérieur des groupes humains. Kurt estime que le comportement (C) de l'individu est fonction (f) de la situation de la personne, ou de la personnalité (P) prise dans un contexte environnemental précis (E), qui tient compte de son passé, de son corps physique et psychique, dont les propos sont traduits par l'équation représentée par la fonction suivante : « C = f (P.E) »[75].

Les individus confrontés à des difficultés de satisfaction dans leurs conditions de vie sont soumis à des formes de stress déclenchés par des décisions ou non-décisions qu'ils peuvent évaluer et interpréter comme des menaces ou des défis. Ces facteurs situationnels créent des frustrations à même de réveiller des instincts d'agression manifestés par des pulsions d'hétéro-destruction ou de suicide et des explosions de violence.

À la suite de ces réactions, d'autres facteurs socio-environnementaux concourent à l'orientation et à l'habillage de conflits qui finissent par s'adapter aux contextes des territoires (voir schéma ci-dessous).

---

[75] Carol Sansone, Carolyn C. Morf, A. T. Panter, The Sage Handbook of Methods in Social Psychology, SAGE, 2004, p. 119

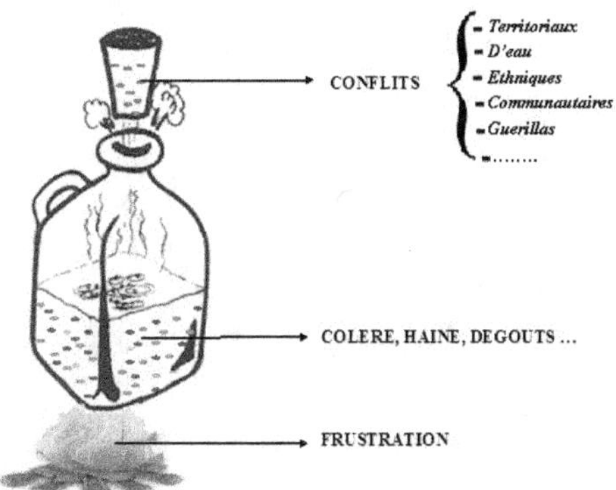

Fig. 17 : **Processus d'explosion conflictuelle**

I- Les effets et conséquences des insécurités subsahariennes sur la société

«La pauvreté sera à l'origine de la 3e guerre mondiale»

De manière générale, bien que les conflits puissent parfois être considérés comme des catalyseurs de conscience pour incorporer de la créativité dans les processus de changement et de développement par la responsabilisation les individus, ils sont aussi à l'origine de dysfonctionnement dont les effets sont plus ou moins néfastes pour la cohésion de la société.

A- LA MONDIALISATION DE LA PAUVRETÉ PAR LES ÉMIGRATIONS - IMMIGRATIONS

Les conflits constituent aujourd'hui la première cause des migrations forcées, puis des immigrations de plus en plus détestables enregistrées à travers le monde. Le développement de ce phénomènes de plus en plus néfastes dans la société suscite d'autant plus colère et indignation, qu'on serait en mesure de se poser des questions, allant de la négligence de certains gouvernements, à leurs indifférences, voire leurs inaptitudes à lutter efficacement contre les diverses causes.

Certes, l'humanité a toujours été en mouvement, l'humain est souvent parti subjuguer d'autres peuples; l'immigration a parfois été perçue comme une chance, d'autant plus qu'on allait découvrir d'autres cultures, d'autres territoires… On se faisait le plaisir d'aller découvrir le monde, tout simplement.

L'humanité fut attirée par les lumières et l'on allait en occident acquérir de nouvelles connaissances, des manières de faire à Occidentale, qu'on partageait ensuite au sein de sa communauté.

L'Homme a parfois été contraint de partir face aux menaces dues aux effets liés aux changements climatiques, ainsi d'autres facteurs environnementaux, en quête d'une herbe plus fraîche dans des régions plus ou moins lointaines.

Depuis le XXI[e,] les migrations internationales se sont mondialisées et presque tous les pays du monde sont concernés par les départs, les arrivées et les transits; certains pays étant les deux ou les trois à la fois. Le nombre de migrants dans le monde a atteint les 260 millions[76] de personnes.

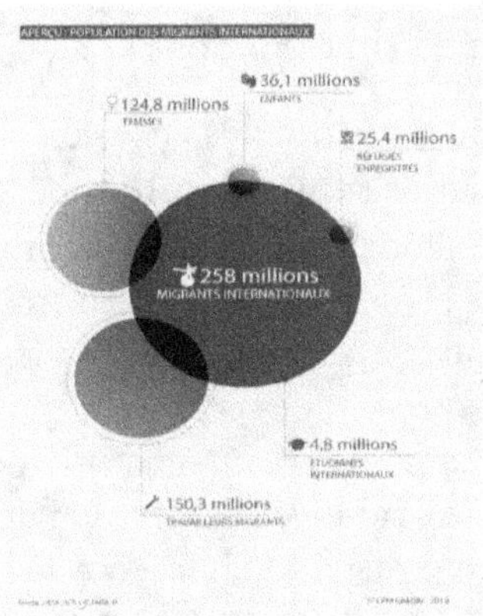

Fig. 18 : **Populations migrantes dans le monde 2018**[77]

On constate aujourd'hui qu'il n'y a jamais eu autant de personnes vivant dans un pays dans lequel, elles ne sont pas nées; en dépit de sa nette progression, la proportion de migrants internationaux au sein des populations est faible; elle est passée de 2,3% en 1980 à 2,8% en 2000 et 3,4% en 2017, soit environ 2,4 par an.[78]

---

[76] France attac.org : Migrations dans le monde, 9 février 2919, Cathérine Withol de Wenden

[77] Source: Portail des données migratoires mondiales

[78] Institut National d'Etudes Démographiques, Rapport 28 Mars 201

Lorsqu'on observe la répartition des migrants dans le monde, en 2017 le nombre de personnes résidant dans un pays dans lequel elles ne sont pas nées a atteint 258 millions dont:

- 106 millions sont nés en Asie,
- 61 millions sont nés en Europe,
- 38 millions enregistrés pour l'Amérique latine et les Caraïbes, 36 millions pour l'Afrique, sachant que les données statistiques concernant l'Afrique subsaharienne sont généralement faussée d'avance, car invérifiables, du fait que la sous-région ne dispose pas les moyens fiables pour des recensements basics, toutes les naissances et les décès n'étant pas systématiquement enregistrés)

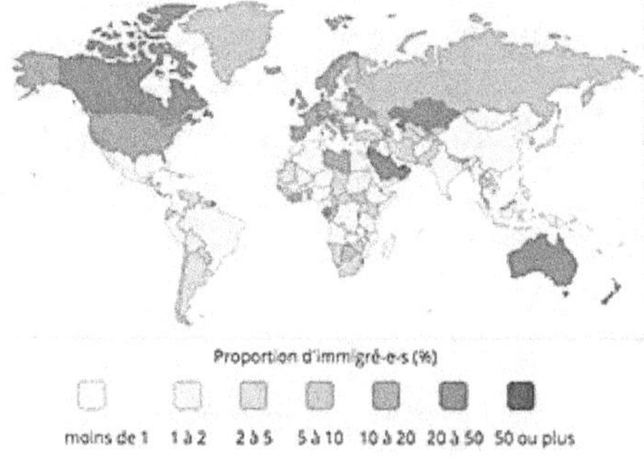

**Fig. 19: La proportion des populations migrantes
internationales** [79]

Dorénavant, l'humanité fait face à de fortes
sujétions migratoires; les populations sont de plus en
plus obligées de fuir la pauvreté, les persécutions, les
conflits et les terrorismes.

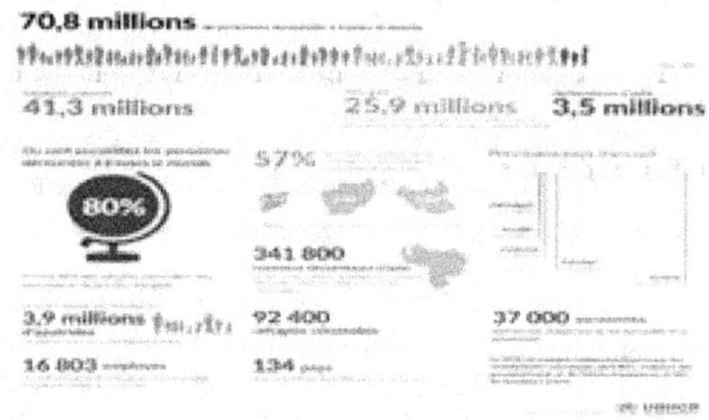

**Fig. 20: Répartition des populations migrantes
internationales 2017**[80]

Lorsqu'on observe les statistiques énoncées par le
Haut commissariat des Réfugiés, on fait état de deux
catégories de victimes reconnues parmi les
populations déplacées internationales: les
demandeurs d'asile d'une part et les réfugiés d'autre
part.

Qui sont les réfugiés? La Convention de Genève
désigne comme réfugié un demandeur d'asile, «toute

---

[79] Institut Nationale d'Etudes Démographiques

[80] Sources : Haut Commissariat des réfugiés 2017

personne qui, craignant avec raison d'être persécutée du fait de sa race, de sa religion, de sa nationalité, de son appartenance à un certain groupe social ou de ses opinions politiques, se trouve hors du pays dont elle a la nationalité et qui ne peut ou, du fait de cette crainte, ne veut se réclamer de la protection de ce pays ».

L'organisation Internationale pour les migrations, définit le migrant comme toute personne qui, quittant son lieu de résidence habituelle, franchit ou a franchi une frontière internationale, se déplace ou s'est déplacée à l'intérieur d'un État, quels que soient:

- son statut juridique,
- le caractère volontaire ou involontaire du déplacement,
- les causes du déplacement
- la durée du séjour

Le demandeur d'asile étant une personne qui sollicite une protection internationale hors des frontières de son pays, mais qui n'a pas encore été reconnue comme réfugié, prête souvent à confusion et menace de nuire au statut «migrant économique », du « migrant de la faim », qui est pourtant lui aussi victime de toutes sortes de violations des droits humains.

Heureusement, la Déclaration Universelle des droits de l'homme protège et dispose que: «devant la persécution, toute personne a le droit de chercher asile et de bénéficier de l'asile en d'autres pays».

Ce qui conduirait à définir désormais le migrant par rapport au schéma, comme étant un exilé politico-économique, victime de violation des droits divers et qui recherche asile dans un endroit où il fait mieux vivre, car face à l'insécurité, «toute personne a le droit de chercher asile et de bénéficier de l'asile en d'autres pays»[81]

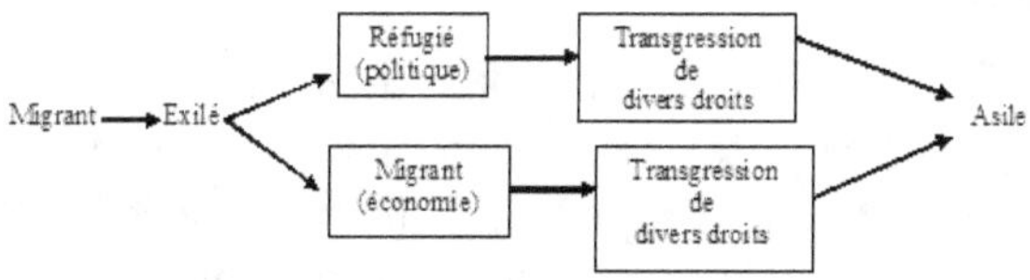

Fig. 21: représentation d'un demandeur d'asile

Que les causes soient politiques ou économiques, le migrant est une personne désespérée, délaissée et mal traitée qui fuit sa terre natale, en faisant le choix du changement, du déplacement et parfois de l'errance contre vents et marrées, car « partir c'est mourir un peu»[82]; on ne quitte jamais sa terre sans douleurs et de sérieuses raisons de partir, d'autant plus que l'émigration fait suite à un processus

---

[81] Déclaration des droits de l'homme : article 14
[82] Edmond Haraucourt, «Le rondel de l'adieu », Seul, 1891

psychologique et mental qui méritent d'être pris en considération.

En effet, tout exilé est contraint de partir loin de sa terre à la quête d'une amélioration de ses conditions de vie; cet individu est donc plus ou moins contraint de quitter ses proches pour se construire ou pour se reconstruire. La paix étant relative, on pourrait supposer que la pauvreté sous-tende aussi certains différends politiques et vise versa.

Selon l'ONU, 82,5% [83]de migrants vit dans les pays développés. En 2015 sur les 512 millions d'habitants que comptaient l'Union Européenne, 35 millions, dont les 7% sont des « étrangers » et ne détiennent pas la nationalité de leur pays de résidences [84]; parmi eux, 14,3 millions sont des ressortissants d'un autre État membre de l'Union Européenne et 22 millions viennent des pays hors-Union Européenne[85], soit environ 4%, contre 13% pour les États-Unis.

Pour la minorité de migrants internationaux qui quittent l'Afrique, l'Europe est le principal continent de destination; en 1993, ils ne représentaient que les 6% des étrangers de l'Europe des 15.

---

[83] Sources : Haut Commissariat des réfugiés 2017
[84] Toute l'Europe.eu : Asile, Migration, Schengen, rapport du 19.11.
[85] Eurostat.

La proximité avec la méditerranée et certains accords avaient favorisé l'immigration des pays du Maghreb vers la France, alors qu'en dépit des conditions de vie souvent difficiles et les insécurités criardes, les subsahariens ont toujours peu migré en dehors de l'Afrique.

Le continent noir a connu de bouleversements majeurs, tels que les luttes contre les esclavagistes, de crises humanitaires et des razzias, mais il a toujours réagi stoïquement, sans assistance internationale; en 2000, on comptait 63% de migrants subsahariens en Europe contre 31% en Amérique du Nord.[86]

Le rêve de l'Europe vient alors de la proximité et de la fascination exercée par l'Europe sur le subsaharien, puis de l'image que celui-ci se fait de l'occident; un endroit privilégié, un territoire idéal, où l'on vit en sécurité, on peut étudier, travailler et se soigner grâce à une médecine développée plus ou moins gratuitement ... bref le rêve de pouvoir bénéficier des institutions qui protègent, et de fait les effets du développement de la technologie sont palpables tant sur la longévité des Occidentaux que sur leur développement individuel.

L'immigration d'origine subsaharienne en dépit de sa forte progression ou cours de ces deux

---

[86] Population & Sociétés : bulletin mensuel d'information de l'institut National d'études démographiques : les migrations d'Afrique subsaharienne en Europe

dernières décennies reste minoritaire dans l'ensemble des immigrations en Europe.

L'origine des immigrations subsahariennes date des grandes guerres, suite auxquelles certains pays de l'Europe, dont la plupart des pays fondateurs de l'Union Européenne avaient eu besoin pour les uns de rétablir leur démographie, après de nombreux décès des hommes ayant engendrés une baisse drastique de naissance et pour les autres, ils manifestaient le besoin d'une main d'œuvre bons marché pour la reconstruction, mais aussi pour assurer des tâches dégradantes, dont certains européens n'en voulaient pas.

En effet, les migrations légales en Europe sont lointaines et les plus contemporaines datent de la seconde moitié du XXᵉ siècle. La majorité des pays d'Europe a connu des migrations, dont quatre phases importantes :

Les migrations pour l'emploi et la reconstruction de l'Europe au cours des années 1945 et 1975 positionnent la région dans l'histoire des immigrations économiques; depuis les guerres mondiales avec la mort de nombreux civils et la décolonisation immédiatement, avaient entrainé la baisse de la démographie et donc une pénurie de main-d'œuvre pour la reconstruction ; celles-ci ont créé des besoins qui ont conduit au recrutement des travailleurs immigrés pour le développement et la croissance de l'Europe, pour la période des trente glorieuse.

On assistait alors à d'intenses vagues migratoires intra-européennes des pays du sud de l'Europe, confrontés à une stagnation économique et de taux de chômage élevé et une relative provenance de migrants des pays moins développés tels que l'Afrique du nord.

La plupart des États de l'Europe occidentale en quête de main d'œuvre s'orientaient vers leurs colonies, suscitant l'engouement pour l'une des premières vagues d'immigration subsahariennes légales et voulues.

Depuis lors, toutes les migrations modernes ont été pour la plupart liées à des besoins économiques réciproques, en amont et aval.

Par la suite l'octroi des permis de travail et de séjour temporaires à ces «travailleurs immigrés», a permis de maintenir la croissance des pays d'accueil, puis celle des entreprises, tout en octroyant des qualifications professionnelles à ces migrants économiques, qui pouvaient ainsi subvenir aux besoins de leurs familles restées au pays.

Ces dispositions suscitèrent de l'engouement et de l'attrait pour l'Europe occidentale; entre les années 60 et 70; plus de 30 millions de «*Gastarbeiter*» entrèrent au sein de la communauté européenne, puis à la fin des années 80 la population étrangère résidente dans les pays d'Europe occidentale passa à 15millions; en 2000, on compte désormais 20 millions d'étrangers résidents dans l'espace économique européen, soit 5,4% de la population totale.

L'immigration régionale européenne n'étant pas parvenu pas à satisfaire la forte demande en ressources humaines, car la démographie ne cessait de baisser, les pays de l'Europe centrale ouvrirent alors leurs portes à l'immigration hors frontières européennes; encouragée par l'Allemagne, qui s'était toujours définie comme étant un pays d'immigration, l'Union Européenne lança alors un vaste projet d'immigration des pays dits « islamiques », cette couronne de territoire étant plus près de l'Europe.

Ce fut alors le début d'une immigration de masse, une immigration volontaire envisagée par ces pays pour repeupler leurs territoires et sauver leur aura.

Bien que réticente à la possibilité des alliances entre individus et tenue par l'obligation de préserver « la race », l'Allemagne fut l'un des premiers pays à convoiter et à importer des «*Gastarbeiter*» subsahariens noirs d'autant plus que les territoires africains croulent sous l'abondance de la main d'œuvre; ne dit-on pas que les Africains noirs ont tendance à faire beaucoup d'enfants ? L'Allemagne espérait ainsi par la présence de ces Négro-Africains, un développement rapide des naissances.

Dès lors, l'immigration en Europe fut considérée comme un rendez-vous du donner et du recevoir, les uns étaient en quête d'un travail et les autres recherchaient une main d'œuvre; cette collaboration légale conduisit à une autre poussée de migrants due à la crise économique consécutive au premier choc pétrolier.

En effet, la deuxième phase migratoire européenne importante fait suite à la crise économique du milieu des années 70, consécutive à la hausse des prix des hydrocarbures en 1973, qui suscite d'autres catégories d'entrées de migrants et plus particulièrement un flux de regroupement familial.

La hausse des prix des hydrocarbures en 1973 ayant conduit à la hausse du taux de chômage, puis à des tensions sociales qui ont entraîné une limitation sévère des recrutements de nouveaux travailleurs immigrés, ainsi qu'une incitation et une mise en œuvre des retours des travailleurs immigrés dans leurs pays d'origine.

D'après les estimations onusiennes, moins de 10% de travailleurs immigrés seraient retournés dans leurs pays d'origine par peur de perdre leurs droits sociaux d'une part, mais aussi parce que la situation prévalant dans leur pays d'origine était plus défavorable; ainsi, ils optèrent souvent pour la solution de ramener leurs familles à leurs côtés.

Malgré l'arrêt officiel des immigrations pour l'emploi dans la plupart des États, telle que l'Allemagne, la population étrangère était passée de 4 millions en 1973, à 4,5 millions en 1980, grâce au regroupement familial[87]

Par la suite, l'Europe a assisté dès la fin des années 80 à des afflux amplifiés des réfugiés politiques et minorités ethniques à travers l'Europe centrale suite aux changements politiques intervenus en Europe centrale et orientale et dans l'ex-URSS, mais aussi les conflits régionaux, comme en ex-Yougoslavie et dans le nord de l'Irak; les immigrés européens ne provenaient pas seulement des anciennes colonies, mais de pays de plus en plus diversifiés, notamment d'Asie, puis d'Afrique, avec les guerres civiles. Les motivations des migrants avaient aussi changé, de même que les canaux migratoires empruntés car tous les pays de la communauté européenne s'étaient mobilisé pour l'accueil de demandeurs d'asile de tous les horizons, menacés par certains systèmes politiques et des conflits qui conduisent à la fuite des individus, usant de tout recours et canaux d'entrée, en raison des politiques restrictives migratoires.

Cependant, en 1983, l'Europe occidentale enregistrait 70.000 demandes d'asile.[88] Par la suite, le nombre de demandes est passé à 700.000 en 1992,

---

[87] G. Tapiros. L'économie des migrations internationales. F.N.S.P., Armand Colin 1973

[88] OCDE: l'Europe et les migrations de 1950 à nos jours: mutations et enjeux par Jean Pierre Garson et Anaïs Loizillon

en raison de l'importance des demandes enregistrées en Allemagne la même année, avant la réforme de la constitution, qui est entrée en vigueur dès 1993, avec une prédominance de regroupement familial.

Entre temps, la politique européenne d'immigration et d'asile est née dans les années 1990 et c'est l'espace Schengen qui entre en application, abolissant les contrôles aux frontières entre les États membres, tout en renfonçant le contrôle aux frontières extérieures de l'espace.

On assiste malgré les réticences à un retour des migrations avec une préférence pour les travailleurs qualifiés suite au développement des secteurs des technologies, de l'information et de la communication, puis de la santé et de l'éducation.

La manifestation des besoins en main-d'œuvre hautement qualifiée faisant parfois défaut dans certains pays d'Europe, a suscité une autre vague d'immigrations temporaires, qui ont aussi conduit à l'accroissement d'immigrations préférentielles « définitivement temporaires » des travailleurs qualifiés dans les secteurs de l'agriculture, du BTP et des services à la personne, avec un accroissement de la féminisation des entrants, notamment les femmes négro-africaines, reconnues pour leur fibre empathique.

On pourrait penser que de tout temps, qu'elles aient été intra ou extracontinentales, les migrations/immigrations négro-africaines ont souvent été pacifiques et voulues, aussi bien en amont qu'en aval.

Depuis quelque peu, des migrants subsahariens bravent de plus en plus les jungles colombiennes et panaméennes, en direction des États-Unis, au risque d'y laisser leurs vies, dévorés par les animaux sauvages ou pris à parti par des narco-trafiquants, lorsqu'ils échappent aux chutes mortelles dans les rochers.

Désormais, le monde entier fait face à de gigantesques tensions migratoires impliquant les Négro-Africains; ces individus de nature casaniers à l'intérieur du continent africain nourrissent l'actualité à travers le continent et bien au-delà, notamment en Europe.

On assiste à une crise migratoire euro-africaine-subsaharienne, liée en dépit des origines et des conséquences aux immigrations illégales au sein même des territoires africains et bien au-delà en passant par la méditerranée, puis sur le continent européen.

> ➢ d'une part, certains gouvernements des États de l'Union Européenne crient leur colère et leurs révoltes, au nom des accords de Dublin, pour ce qui est de l'Italie et de la Grèce, se sentant démunis par les arrivées de migrants clandestins, alors que les autres États jouent au chat et à la souris.

En effet, le traité d'Amsterdam signé en 1997 ayant donné la compétence à l'Union Européenne dans les domaines de l'immigration et d'asile, avec la généralisation des visas d'entrée dans l'espace Schengen, définit les conditions d'entrée et de séjour des immigrants illégaux.

Dès lors, l'Union Européenne a suscité la collaboration des États tiers de transit, principalement les États magrébins, pour le contrôle des frontières de sa forteresse, comme si la chute du mur de Berlin était paradoxalement à l'origine d'une multiplication de murs aux marges de l'Europe.

> D'autre part, l'Organisation Internationale des Migrants (OIM) récence des «marchés aux esclaves» subsahariens, sur les itinéraires migratoires nord-africains vers la Lybie, qui fut pourtant autrefois un des destinations prisées par certains migrants subsahariens.

Les mêmes sources font état des tortures physiques et psychologiques que subissent les victimes libyennes et souvent leurs familles pour obtenir leurs libérations sous peine de morts violentes; elles affirment conduire des opérations de récupérations des corps de migrants disséminés à travers le désert, morts de faim et d'épuisement ou des cadavres abandonnés par des chauffeurs-passeurs, après les avoir dépouillés de leurs réserves.

Fig. 22: **Cadavres de migrants négro-africains entassés sur les côtes libyennes**[89]

Depuis peu, les migrants subsahariens sont aussi pris dans un étau lié aux affrontements libyens qui opposent les forces du Maréchal Khalifa Haftar à celles du gouvernement Fayez Al-Sarraj pour lesquels ils risquent non seulement d'être des victimes collatérales, mais ils courent aussi le danger d'être enrôlés de force dans les combats ou en soutien logistique.

---

[89] Equinox TV

Fig. 23: Migrants négro-africains enrôlés en Libye [90]

La Libye n'ayant pas ratifié les Conventions de Genève, ne se trouve pas tenue par la délivrance de statuts aux demandeurs d'asile et en ce qui concerne la protection internationale, l'État agit selon son bon vouloir. Les migrants illégaux vivent toutes les atrocités possibles sur leur trajectoire jusqu'en Libye… et lorsqu'ils y échappent vivants, ils doivent faire face à un nouveau parcours des plus meurtriers… en osant traverser la méditerranée dans des embarcations de fortune, autrement les migrants bloqués en Lybie «ont le choix entre errer en Méditerranée ou mourir bombardés.

En d'autres termes, ces indigents qui fuir les insécurités et la misère dans leurs pays se retrouvent confrontés au choix entre mourir sur terre ou mourir dans les eaux et précisément, au large de la méditerranée; la communauté internationale fait quotidiennement face au carnage des Négro-Africains, tandis qu'il est quasi impossible de retrouver les corps des personnes mortes dans le désert.

On compte régulièrement sur les côtes euro-méditerranéennes et notamment en Italie, des milliers de morts noyés, lorsque les corps sont retrouvés, qui pour la plupart fuient la misère par la faute de certains de dirigeants qu'on pourrait

---

[90] France 24

considérer comme parents indignes, compte tenu de leurs comportements impassibles, observant de leurs pergolas huppées leurs enfants victimes d'incendie dans la maison commune, les obligeant cependant à se taire pour ne pas ameuter le voisinage, en l'occurrence la communauté internationale.

Fig. 24 : **Corps de migrants ramassés au large de la Méditerranée**[91]

En effet, les migrations subsahariennes illégales constituent dorénavant l'un des réels fléaux sociaux qui suscitent le plus l'indignation de la communauté internationale et celle de certaines personnalités; pourtant, le besoin de préserver leurs intérêts particuliers empêche souvent certains décideurs étrangers de fustiger davantage ces phénomènes aussi déshumanisants que la traite des noirs en Lybie (voir photo).

---

[91] Equinoxe TV

On estime à plus ou moins juste titre que les États européens ont la responsabilité de toutes ces morts, ainsi que celle des souffrances dont sont victimes les migrants, parce qu'ayant mis en œuvre la fermeture de la route des Balkans, trajectoires autrefois empruntés par les migrants de divers horizons, ils ont aussi choisi de s'appuyer sur les garde-côtes libyens pour contrôler et maitriser les afflux de migrants à travers les côtes méditerranéennes;

On a l'impression de faire face à une sorte d'amnésie générale qui empêche aussi souvent de dénoncer la part de responsabilité des États africains qui sont à l'origine des conditions de vie et des situations qui incitent les populations à fuir.

Fig. 25 : **photo la moins choquante de migrants maltraités et vendus en Lybie**[92]

Face à ces nombreuses atrocités, la réponse des dirigeants des pays subsahariens se limite au lancement des campagnes de sensibilisation contre les dangers liés à l'immigration clandestine, sans jamais en évoquer les causes, encore moins s'activer davantage pour y faire face.

Le rôle des leaders n'est pas de rassembler la presse pour faire sensation au regard des opinions internationales, en offrant de petits cadeaux, les dirigeants sont tenu de trouver des solutions aux causes aussi bien économiques, que politiques qui motivent ces migrations illégales, si massives.

Et depuis peu, la communauté internationale est sous le choc des images en Afrique du Sud; cette partie du continent est secouée par l'éclosion fracassante d'un racisme négro-négro-africain, qui conduit les sud-africains à se retourner cruellement contre les étrangers noirs d'origine africaine diverse, pour disent-ils préserver leurs emplois.

En effet, l'Afrique du Sud est dotée d'une infrastructure économique avancée et d'une économie très développée; ce qui fait d'elle la première économie africaine, détenant 75% des plus grandes entreprises africaines. 2018, cette économie a crû de 0,8%, alors pour 2019 et 2020, les taux de

---

[92] Euronews

croissance attendus sont plus élevés, à 1,4% et 1,7%.[93]

L'Afrique, le monde entier fait face à un théâtre de xénophobie en Afrique du Sud contre les immigrés, généralement mieux formés et en provenance des pays voisins.

Déjà en 2008 les manifestations contre les étrangers avaient fait de nombreux morts; depuis la hausse du chômage et de la pauvreté a contribué à accroître les tensions.

Et depuis juillet 2019, les sud africains sont d'une barbarie sans pareil. On y parle de coupures d'oreilles, de jambes, d'assassinats collectifs en bloquant les victimes noires dans leurs maisons, avant de les incendier ou alors dans la rue, ils aspergent les individus sur qui ils mettent le feu, puis s'offrent le plaisir de les regarder périr.

[93] S
affa

Fig. 26: **Migrants négro-africains brûlés à vif par les sud africains**

Aujourd'hui, on a l'impression que toutes les luttes passées, menées contre les violations diverses et en faveur des droits de l'homme, des droits humains sont visiblement anéanties depuis l'Afrique.

L'humanité refait face à l'esclavage, au cannibalisme et pire encore, aux trafics d'ossements et d'organes prélevés clandestinement et à vifs sur des migrants d'infortune qu'on laisse dépérir dans les forêts.

On assiste à une mondialisation de la pauvreté, dont les effets et les conséquences seront redoutables pour l'humanité; il est inacceptable qu'au 21e siècle, alors que par ailleurs leurs territoires regorgent de richesses qu'en raison du manque d'anticipation des situations par les gouvernements, des personnes jouant leur existence à pile ou face soient obligées de fuir les conflits de la misère et/ou les effets des changements climatiques.

Les situations sont d'autant plus inquiétantes que que par principe culturel le Négro-Africain est foncièrement contre la crémation des morts, qui sont préservés en vue de leur réincarnation; ils ont acquis la capacité et l'immoralité du trafiquer les êtres humains, les cadavres et de donner la morts sans regret. Il serait inutile de penser que les conséquences de tous ces bouleversements sociologiques se limiteront dans la région subsaharienne.

Cependant, le traité de Lisbonne, entré en vigueur en décembre 2009 a mis en place un système de codécision et favorisé la création d'un système commun en matière d'asile, comportant un statut et des procédures uniformes prévoyant des garanties pour les personnes bénéficiant d'une protection internationale, à travers:

- Un statut uniforme d'asile
- Un statut commun de protection temporaire
- Des procédures communes pour l'octroi ou le retrait du statut d'asile ou de protection subsidiaire
- Des critères et mécanismes de détermination de l'État membre responsable de l'examen de demande
- Des normes relatives aux conditions d'accueil
- Le partenariat et la coopération avec les pays tiers, concentrés sur les causes profondes des migrations illégales vers l'Europe

Afin que tout migrant dont le statut n'est pas défini, soit tout simplement considéré comme étant un « demandeur d'asile », une personne recherchant un lieu calme, ou il puisse trouver la paix, conformément à la base juridique du Traité de fonctionnement de l'Union Européenne, de la Charte des Droits de l'homme et en cohérence avec la Convention de Genève et son protocole du 31 janvier 1967.

Les migrants sont pour la plupart des individus coupés de leurs proches, qui vivent un déchirement intérieur d'autant plus grand qu'ils se retrouvent dans un environnement souvent hostile au sein duquel ils doivent rapidement se faire une place, parfois sans la moindre ressource matérielle, voire intellectuelle pour les aider dans leur quête d'autonomie.

Les gouvernants des États ont parmi leurs devoirs, prioritairement celui de permettre à tout individu, quelle que soit son ethnie ou sa religion, de vivre des fruits de son travail et de s'épanouir grâce aux ressources de son territoire. Si ces «élus» y veillaient, les migrants partiraient de leurs territoires par choix, sans désespoir, ni susceptibilités, tout en s'étant bien préparé aussi bien matériellement, que psychologiquement, pour aller pacifiquement vers l'autre.

Lorsqu'on observe la fluidité de l'expansion et la force d'ancrage des conflits, on ne peut que se poser des questions sur l'avenir de l'humanité, non sans penser que la pauvreté risque d'être la principale cause de la prochaine guerre mondiale; une 3e guerre mondiale est bel et bien annoncée à travers toutes ces perversions et transformations sociologiques.

En effet, avec la mondialisation, les affinités et les différences culturelles déterminent les rapports et des antagonismes entre les peuples, du fait que la plupart des conflits incarnent des chocs de civilisation et répondent aux influences que certaines cultures exercent sur les autres et entre elles, lorsqu'elles coexistent.

Le fait que la plupart des rescapés des conflits migrent souvent par dépit est un facteur considérable, car partis par désespoir ils emportent avec eux de nombreux ressentiments et les exportent dans d'autres territoires; les migrations sont porteuses de conflits et elles les véhiculent.

En effet, dans les territoires d'accueil, des mesures d'insertion et d'intégration qui sont mises en œuvre pour prendre en charge les migrants, créent à leur tour des résistances de la part des autochtones, lesquels revendiquent naturellement leur droit de propriété et la jouissance des ressources de leurs territoires, sans partage.

En Europe, depuis l'irruption des immigrations illégales sur le terrain électoral comme signe de danger dans les années 80, en Afrique du Sud en 2008, la Libye ayant les mains libres en matière d'accueil de réfugiés, la question migratoire fait l'objet d'un ensemble de malentendus, de méconnaissances et de préjugés, marqués par une péjoration lancinante de l'étranger négro-africain, porteur d'un climat délétère au sein des populations.

L'afflux de migrants subsaharien pèse désormais sur la diplomatie européenne, à travers une surenchère incessante qui laisse installer sur la place publique «l'invasion étrangère» comme une menace sur l'emploi et les bénéfices sociaux des nationaux; d'une part, l'invasion du péril terroriste n'arrange pas les situations des migrants et d'autre part les faits de crime de plus en plus nombreux sont de la part de certains migrants, considérés de plus en plus comme étant de «faux demandeurs d'asile».

En effet, on enregistre quelques faits de crime de la part de certains migrants allant des vols, aux viols et des meurtres; des attitudes criminelles qui justifient parfois le rejet de ces indigents, puis éveillent chez ces nationalistes des sentiments de colère et de xénophobie.

Fig. 27: **Enfant mort, délibérément poussé sous un train par un migrant**[94]

On assiste désormais en Europe à un fleurissement de partis ouvertement xénophobes, voire racistes, avec la consolidation de la notion du « risque migratoire », parallèle au consensus sur la nécessité de combattre l'immigration en général, d'autant plus qu'on ne saurait discerner l'illégalité du migrant à première vue.

Dans les deux cas, ce paradoxe de positionnement suscite la haine de l'autre et provoque la macération d'autres conflits au sein des territoires en principe « paisibles », conduisant souvent à une sorte de maintien du cycle qui tend à repousser la paix : conflits → réactions / non-réaction des dirigeants → frustrations → haine → conflits … (cf. figure ci-dessous).

Entre temps, le migrant se voit imposer une acculturation à laquelle il manifeste souvent une forme de résistance psychique et qui maintient l'individu dans le ressentiment.

Alors que les individus sont censés être interdépendants dans la société, la haine entraine l'indifférence, les violences et surtout la banalisation du crime, puis le développement du meurtre.

Malheureusement, les conflits ne restent pas dans leurs foyers d'origine et n'épargneront certainement

---

[94] Le soir.be

aucun territoire avec la mondialisation, car on retrouve leurs effets et leurs conséquences à des milliers de kilomètres des régions sources. Tels des tourbillons, les conflits migrent avec les rescapés en laissant des empreintes sur leur passage. En fonction des paramètres sociaux endogènes, ils se développent et s'installent plus ou moins durablement le long de leurs parcours.

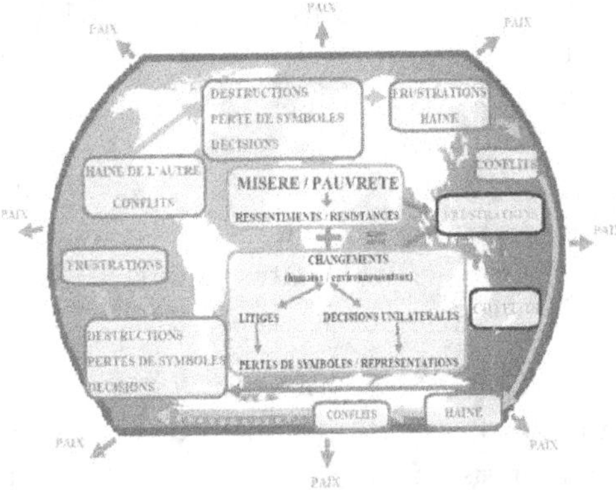

Fig. 28 : circuit conflictuel répulsif de paix, lié à la pauvreté

De tout temps, toute acculturation imposée à un individu a été à l'origine de luttes internes pouvant conduire à d'antagonismes civilisationnels qui se manifestent par une résurgence de sentiments identitaires, participant davantage à la déstabilisation de l'individu. Il devient alors évident que l'ex-migrant est plus allergique aux règles et à l'autorité. Sa résistance aux normes prescrites pourrait s'expliquer par le fait que dans son territoire d'origine aucune règle n'ait pu jusqu'alors assurer ses droits, encore moins protéger ou servir à préserver les valeurs de son cocon ancestral.

Par ailleurs, dans les territoires de transit et d'accueil des migrants, on assiste de plus en plus à une montée des nationalismes qui poussent à faire davantage des distinctions entre le « nous » et les autres, qui sont particulièrement pour des migrants dont on ne veut pas et qui se braquent à leur tour, plus ou moins inconsciemment.

Malheureusement, la perturbation psychologique de celui-ci se développe sur son chemin vers l'exil, où il est torturé, battu presque à mort... ces traumatismes le conduisent jusqu'à « destination », plus ou moins choisie, plus moins acceptée.

Le migrant clandestin étant déjà une personne foncièrement meurtrie par ses parcours désagréables, quelque soit la requête qu'il envisage d'initier dans le pays d'accueil, celui-ci se retrouve en permanence pris dans un étau vis-à-vis des autorités, mais aussi des associations sensées le secourir, par des rapports systématiquement normés entre la suspicion, ainsi qu'une dépendance infantilisante.

Dans les territoires d'accueil, le migrant est frappé du syndrome de la menace sur personne visée, qui l'expose à des formes de désordres psychiques et affectifs liés à des situations de dépréciation et d'humiliation avec le piège de se faire reprocher ses renoncements par ses proches.

Cette hostilité environnante qui se tisse autour du migrant le pousse à avoir recours à diverses infractions, aux trafics et des déloyautés diverses pour survivre

Les migrants deviennent irrespectueux des règles et des valeurs en place, qu'ils bafouent à tour de bras. À la moindre étincelle, au moindre regard de travers, on assiste à de nouveaux conflits ou à des comportements pervers, avec des rapports de forces souvent regrettables au travers desquels ils essaient d'exister.

Bien que certaines violences dont ils sont de plus en plus responsables soient le fait de leur « état psychologique », on peut aussi comprendre en prenant un peu de hauteur, les raisons d'une montée en puissance de nationalismes autochtones, car les difficultés de vie tendent malheureusement à se globaliser. Il y a une cinquantaine d'années, les migrants économiques étaient les bienvenus à travers le continent africain et occidental, pour ce qui concerne particulièrement l'Europe.

Pendant la période des trente glorieuses par exemple, le recours massif à de nouveaux travailleurs étrangers avait occulté et mis au second plan les questions migratoires clandestines, qui bénéficiaient souvent de mesures discrétionnaires, permettant de sortir les migrants de la clandestinité en vue de leur insertion sur le marché du travail et dans la société du pays d'accueil.

Avec le ralentissement de la croissance économique dès le milieu des années 70, la montée du chômage a mis à nu la question de la lutte contre l'immigration irrégulière, qui est devenue une des priorités des politiques migratoires des pays de l'Europe.

Aujourd'hui, ces petits métiers dont bénéficiaient les migrants clandestins constituent de réels emplois à plein temps, aussi bien pour les locaux que pour les migrants. La concurrence aidant, les migrants et les autochtones se retrouvent confrontés aux mêmes difficultés d'emploi, ce qui suscite la haine de part et d'autre et induit la préférence nationale.

On retrouve des migrants, doublement victimes d'une part de mauvaise gouvernance au sein de leur territoire d'origine qui sont en aval à nouveau victimes de stigmatisation dans les pays d'accueil, en raison des attentions ou des non-attentions qui leur sont portées, alors qu'on parle de cohésion de l'humanité. Par la faute de gouvernements dont les politiques publiques ne favorisent pas le développement humain, la société produit des individus pleins de ressentiments; les autochtones comme les migrants, rendent désormais l'humanité suprême détestable.

Les migrants économiques qui partent par dépit sont d'autant plus dangereux pour la cohésion de l'humanité qu'ils perdent généralement l'estime et l'affection de leurs proches qui les considèrent dorénavant comme de simples fonds de commerce, des pourvoyeurs de ressources, partis en Occident en quête d'un bienêtre collectif.

Pour exister auprès de ses proches, et malgré toutes les difficultés qui jonchent sa trajectoire, le migrant est tenu de se manifester matériellement auprès de ceux-ci à travers des dons systématiques qui lui permettent de recevoir en retour plus ou moins de reconnaissance de la part des récipiendaires. Le migrant n'est alors reconnu qu'à hauteur de ses dons et de leur régularité, sans lesquels il perd l'estime et l'affection des siens.

Peu importe qu'il soit à la rue, qu'il vive sous les arbres comme c'est le cas pour certains migrants dans les rues d'Italie, à Paris ou dans certains quartiers d'Harlem, où certains d'entre eux ne pouvant même pas s'exprimer dans la langue nationale locale pour prétendre à un travail s'ouvrent aux trafics, à divers vols et braquages. Leurs proches restés dans les territoires d'origine attendent leur part, simplement parce que ces migrants vivent dans les territoires étrangers ou occidentaux, alors que ceux-ci ne parviennent même pas à se nourrir.

Tenus par cette loi naturelle d'interdépendance et par le besoin de donner pour recevoir l'affection des leurs, ces migrants incapables de jouer le jeu sont souvent réduits à rompre tout contact, au point de perdre leurs repères affectifs.

On retrouve, ainsi parfois dans les rues occidentales, des individus déshumanisés ayant perdu toute authenticité dans leur identité, n'étant ni occidentaux — beaucoup sont arrivés sans la moindre préparation à une intégration parfaite aux nouveaux modes de vie— ni Africains.

En effet, les valeurs économiques et matérielles sanctionnent désormais leurs rapports à la famille restée dans les territoires d'origine. Le système financier de transfert de fonds reste leur seul lien; Western Union, leader en la matière, l'illustre bien à travers un slogan approprié : « Transférez de l'argent à vos proches, pour rester en contact ». On peut alors en déduire que sans ces transferts d'argent, il n'y a pas de contact, il n'y a plus de proches, plus de famille.

Compte tenu des écarts et des inégalités existant au sein de certains territoires occidentaux, la plupart des migrants ont du mal à émerger car ils arrivent dans un contexte où les choses vont très vite. Ils n'ont pas le temps de s'adapter au nouvel environnement socio-culturel et économique, encore moins le courage d'entreprendre les démarches administratives indispensables pour s'inclure dans la société, d'autant plus que les migrants subsahariens sont culturellement inaccoutumés aux démarches administratives. Ils proviennent généralement de pays où il n'existe pas de boîtes aux lettres pour les particuliers. Dans leurs régions d'origine, la plupart des individus n'ont sans doute jamais reçu un courrier de l'administration, encore moins écrit à une administration.

Ces différences sociologiques sont des facteurs qui conduisent la plupart du temps les migrants à perdre pied. Bien que vivant en Occident, ils plongent facilement dans la misère et ne se contentent plus que d'éventuelles aides sociales pour manger, dormir et se soigner. Il s'en suit qu'ils ne revendiquent plus de lien d'appartenance. Avec la mondialisation, il est probable que la société se constitue d'individus isolés, dénués de tout lien et sentiment affectifs pour l'autre. Le métissage de l'humanité risque d'être ainsi inapte au vivre ensemble.

Pourtant, le pacte de Marrakech présente une autre face des migrations, plus sûres, mieux ordonnées et régulières, avec un traité d'application en principe facultatif qui met prioritairement en avant les changements climatiques comme principales causes des migrations planétaires. Or, depuis des décennies, l'Occident fait déjà face à des centaines de milliers de migrants économiques, des personnes qui essaient de sauver leur peau par tous les moyens, au risque de laisser leur vie aux détours des déserts et des confluents.

On est en droit de se demander comment l'Organisation des Nations Unies compte veiller à ce que les migrations soient « ordonnées », car la présentation de cette convention donne l'impression que ladite organisation n'a pas prévu dans son pacte une sorte de gouvernance générale et mondiale pour rendre les migrations « sûres » et « régulières », une institution apte à préserver les migrants des traumatismes et des ressentiments divers.

Bien qu'elle ne conteste pas le pouvoir aux États, l'Organisation des Nations Unies énonce tout de même « qu'à l'heure de la mondialisation, les migrations sont facteurs de prospérité, d'innovation et de développement durable ». Cette affirmation pose des problèmes de redéfinition du développement durable dans les deux sens, car il y a risque :

- Qu'en aval les dirigeants des pays de départ migratoire, au sein desquels les populations croulent sous le poids de la misère, se frottent les mains et négligent les efforts en matière de développement humain pour se consacrer à leurs fonctions d'excellence que sont les détournements de fonds publics et la corruption, qui conduiraient d'une part à la dévastation « programmée » des sols et sous-sols subsahariens, et d'autre part à des migrations « sûres » et « ordonnées.

À terme, le territoire subsaharien se transformera en terrain de test pour les marchands d'armes, une sorte de poubelle à déchets électroniques et mécaniques hors d'usage, éventuellement repeuplé par d'autres humains tandis que les Négro-Africains déambuleront désespérément à travers l'Occident, attisant et noyautant la haine.

- Qu'en amont, dans les territoires d'accueil, ce pacte puisse conduire à présenter les migrants comme les boucs émissaires de leurs difficultés endogènes.

À eux seuls, ces risques pourraient relever quelques-unes des injustices que présente le Pacte de Marrakech sans compter la prise en compte des dispositions de la Convention de Palerme, qui mettent en œuvre les accords de Cotonou dans l'optique d'obtenir que les pays tiers tels que le Maroc, la Turquie et bien d'autres puissent empêcher les départs ou les transits par leurs territoires.

B. LA PERTE DE REPÈRES IDENTITAIRES

Les divers processus et les étapes de l'évolution sociale imposés dans les paysages socio-économiques et environnementaux subsahariens ont participé à des modifications successives et rapides de l'habitus psychique des individus. À travers une représentation amplifiée de la civilisation occidentale comme modèle unique de devenir qui a éliminé les autres modalités d'être et d'évolution, la cohésion identitaire des individus est menacée.

La pluralité d'appartenance sociologique qui pourrait conduire à des déchirements psychologiques menace certains Négro-Africains de dualité psychique, susceptible d'engendrer des conflits internes. Certains traditionalistes n'hésitent pas à penser que la rupture des interdits et les manquements aux rites perturbent gravement l'équilibre social et environnemental de toute la société négro-africaine.

En privant le négro-africain des possibilités de préserver sa culture et ses valeurs, la société moderne tend à faire rompre les rapports du « donner » et du « recevoir » naturelle et humain, à travers la scission des échanges, de dons et de contre-dons; une des valeurs ancrées au sein des sociétés traditionnelles négro-africaines. À l'origine, les populations recevaient la protection divine en échange des sacrifices et des offrandes qu'elles célébraient pour les dieux.

Désormais unilatéralement dépossédées de leurs cultures et de leurs valeurs intrinsèques, les populations risquent de perdre toute motivation à reconnaitre celles des autres et à les respecter. Comment respecter les valeurs d'autrui, lorsqu'on n'en a plus soi-même ?

Les repères identitaires constituent des références indispensables à l'affirmation de soi, mais la mondialisation semble pousser la société vers une humanité constituée d'individus vides et irréels, des sortes de zombies déconstruits psychiquement qui ne s'accrochent plus à aucune valeur.

Aucun peuple ne peut se développer dans la culture d'un autre en se défaisant de sa culture d'origine, car tout individu qui traverse la moindre difficulté tend naturellement et inconsciemment à retourner vers les éléments constitutifs de son cocon identitaire, jugé plus stable. Les ruptures brutales et contraintes de certains liens identitaires n'ayant pas permis à chaque individu de s'épanouir d'abord dans sa culture, pourraient participer à la frustration de l'affirmation cohérente de soi; ce qui laisse penser que l'Afrique subsaharienne menace de devenir pour les prochaines générations le terreau de fabrique d'individus ébranlés et déstabilisés.

C. LE DÉVELOPPEMENT DES EXTRÉMISMES RELIGIEUX

L'Afrique subsaharienne fait partie des régions où le nombre de musulmans et de chrétiens s'est multiplié rapidement au cours du siècle dernier. La misère généralisée qui sévit dans les territoires conduit à l'errance d'une jeunesse vulnérable, en proie aux extrémismes de tout genre et plus particulièrement ceux des idéologies religieuses.

Au moment où l'on constate dans le monde une montée en puissance des extrémismes religieux violents, ils font partie des principaux fléaux dus à la sous-scolarisation et au sous-emploi qui menacent la jeunesse subsaharienne de notre époque.

Comme c'est le cas pour les migrations forcées, les extrémismes religieux profitent de la fragilité des jeunes en quête de moyens de subsistance et font partie des menaces contemporaines pour la civilisation occidentale.

Les cibles du recrutement extrémiste n'adhèrent pas à leurs idéologies parce qu'ils sont ignorants ou chômeurs. Ces jeunes sont la plupart du temps éduqués et sophistiqués, mais peu ou pas du tout valorisés dans leurs attentes sociales, en mal de considération, souvent exposés à des alternatives d'emplois limités et précaires en dépit de leur niveau d'instruction. Ils se rendent par conséquent disponibles au son de toutes les sirènes de la violence. Ces candidats aux extrémismes religieux sont généralement des blessés identitaires et des désespérés partageant des sentiments d'injustice. Compte tenu de leur niveau d'instruction, ils se perçoivent comme des victimes personnellement lésées et espèrent compenser la frustration consécutive à leur insatisfaction objective sur le plan socio-économique.

Prisée par les idéologues extrémistes, cette jeune main d'œuvre manifeste ses propres revendications sociales et économiques, persuadée que ses griefs pourront être réglés par la violence qui donne l'impression de la puissance. Les sentiments de marginalisation et d'exclusion dont ils sont victimes au sein de la société constituent leur principale motivation. Ils espèrent combler leur sentiment de vide dans la quiétude d'une nouvelle appartenance. Leur attrait pour l'extrémisme est absolument motivé par la frustration sociale et par le manque de reconnaissance qui contribuent à les humilier dans leur quête de dignité. Ils essaient d'exister en se réfugiant dans la vocation idéologique qui leur confère au moyen des actions terroristes un statut et une reconnaissance.

Les extrémismes qui se développent dans les territoires subsahariens prospèrent donc grâce aux clivages socio-économiques sur lesquels surfent leurs recruteurs à travers des promesses qu'ils font aux jeunes, notamment celle de se débarrasser des « influences de l'Occident corrompu » et des « Institutions qui les gouvernent mal ». Les groupes sont formés et dirigés par des acteurs installés localement qui mettent en œuvre des programmes centrés sur les contextes territoriaux proches.

On peut ainsi imputer l'attrait pour les extrémismes religieux en Afrique subsaharienne, et particulièrement pour le terrorisme intérieur, aux actions militaires souvent axées sur la répression pour rétablir l'ordre public. Contrairement à la tradition négro-africaine qui était autrefois basée sur la culture de paix et de tolérance, et sur le respect de la vie humaine, cette réponse active des gouvernants s'accompagne d'effets contreproductifs qui alimentent davantage le sentiment d'injustice au sein des populations.

Quelle humanité envisage-t-on ? L'Organisation des Nations Unies prévoit une forte démographie africaine à l'horizon 2050. En effet, la population mondiale atteindra environ 9.8 milliards d'habitants alors que la démographie de l'Europe et de l'Asie régressera, ce qui suppose une forte croissance démographique africaine, en particulier dans la région subsaharienne.

Au regard des statistiques, on est en droit de penser que la société entière court le risque qu'au fil des générations les individus ne puissent transmettre comme héritage identitaire que des attitudes déviantes de frustration, néfastes à la cohésion de l'humanité. La réponse biologique et psychologique de l'individu aux contradictions entre l'idéal des droits et des devoirs conduit à des conflits identitaires responsables de la passivité qui bloque certains individus, les empêchant de se développer, de s'adapter et de s'épanouir.

En les frustrant dans leur besoin d'entreprendre, le mal-être permanent des populations les conduit à un épuisement physiologique dont les conséquences impactent directement leur état psychologique. Selon les personnalités, les individus qui se sentent impuissants adoptent des attitudes de repli sur soi.

La plupart des personnes qui vivent des conflits internes sont soumises à des troubles qui les focalisent sur leur situation et les maintiennent dans un état d'esprit de rancœur et de ressentiments, les détournant de la nécessité d'entreprendre et de construire. Ces individus connaissent un épuisement émotionnel qui développe en la personne une image inadéquate de soi, par une attitude négative qui les empêche d'envisager des démarches utiles pour la construction de la société.

À force d'être sollicité, le système nerveux réagit excessivement et épuise les réserves naturelles du corps. Confronté à une telle lassitude physique et mentale, l'individu tend à développer davantage de sensation de faim et de besoin de sommeil. Cette régression inconsciente le maintient en permanence au niveau primaire de la satisfaction des besoins fondamentaux comme l'assouvissement de la faim (voir figure ci-dessous).

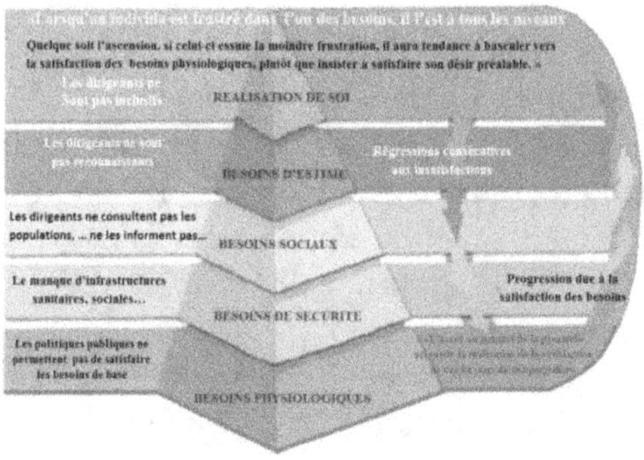

Fig. 29 : **Effets et conséquences des frustrations sur le développement de l'individu**

En conséquence, dans les territoires en conflit, on risque de trouver des populations bloquées dans leur capacité d'agir, de créer et de produire des richesses pour l'intérêt général, car les fractures psychiques entravent leur développement. Cette perte de ressources humaines annule toutes les autres possibilités de développement, enlisant davantage la population dans les conflits.

Comme des épidémies contagieuses, les conflits se transmettent de régions en régions, déstabilisant rapidement les secteurs les plus vulnérables et privés de liberté. On ne saurait envisager une société durable avec des populations en quête permanente de solutions ponctuelles pour manger et se reposer.

Les populations subsahariennes sont compétentes à de nombreux points de vue, pourtant

255

elles sont réduites à une recherche inlassable des possibilités de survie. Peut-on envisager une paix durable dans la société, alors que certains territoires en Afrique subsaharienne se spécialisent dans la production des conflits imputables à la pauvreté et à la misère des populations? D'après les sources onusiennes, cette région passera de 1, 2 à 2, 2 milliards d'habitants en 2050; étant entendu que la moitié de la croissance démographique viendra d'Afrique subsaharienne et que la population mondiale devrait être de l'ordre de 9,8 milliards d'habitants en 2050, soit 2 milliards d'habitants de plus qu'en 2020. La construction d'une humanité universelle est menacée, car en 2100, 40 % de l'humanité sera africaine, la population de la planète passera de 7,5 à 9,8 milliards d'individus en 2050 pour atteindre probablement 11,2 milliards à la fin du 21e siècle selon les prévisions onusiennes.[95]

On ne peut que s'inquiéter de ces constats et le rôle du médiateur est d'alerter les consciences, particulièrement celles des gouvernants, sur les phénomènes sociaux et les comportements destructeurs de la dignité des individus contraires à la construction d'une humanité cohérente.

---

[95] Journal Le Monde, Par Rémi Barroux, Publié le 07 aout 2017

QUATRIÈME PARTIE

LA PRÉSERVATION DE LA PAIX

L'évolution de la société conduit à des rapports globaux justifiant l'urgence d'anticiper et de mieux gérer les conflits pour construire pacifiquement la société.

La société traditionnelle négro-africaine était organisée et structurée pour une existence pacifique. Pourtant, comme toute société, elle essuyait des conflits interpersonnels, inter-familiaux et parfois intercommunautaires. Pour gérer ces situations, elle disposait de dispositifs de régulation inclusifs qui permettaient d'impliquer dans le processus toutes les strates de la société, y compris les femmes et les jeunes, désormais relégués au second plan des décisions sociétales alors qu'ils jouent des rôles incontournables dans la gestion des conflits.

On peut aujourd'hui déplorer la perte du rôle majeur que jouaient les autorités traditionnelles au côté de la structure familiale, instances identitaires stables, sûres et estimées. Au sein de la société moderne, elles ont abdiqué leurs postures prestigieuses en devenant souvent des auxiliaires administratifs et politiques.

Autrefois proches des divinités, écoutées et respectées, ces personnalités se trouvent aujourd'hui sur les marchés des villages, se subordonnant et faisant malheureusement campagne pour les politiques, les gouvernements qui sont décriés par les populations.

L'adoption de certaines postures paradoxales par ces autrefois garants des valeurs morales au sein de la société traditionnelle négro-africaine est désormais perçu comme un frein à leurs éventuelles implications pour la participation à la gestion fructueuse des conflits, d'autant plus qu'ils seraient inaptes à portes des analyses concrètes et impartiales sur des situations.

I- LA PRÉVENTION DES CONFLITS

À la charge des gouvernements, la prévention des conflits fait partie des principales obligations énoncées par la Charte des Nations Unies. Elle envisage les conflits subsahariens comme un des premiers paramètres à intégrer dans tout processus de paix et de sécurité.

En principe, la politique de solidarité visant les difficultés d'accès aux droits, tels que le droit au logement, aux soins, à la formation, à une vie digne et sécurisée, fait partie des devoirs des gouvernements modernes.

La prévention des conflits constitue un ensemble de mesures et d'actions dont les objectifs visent l'équilibre social, politique et économique et en priorité les mesures de lutte contre les inégalités. Les États membres de l'Organisation des Nations Unies, ainsi que les organisations régionales et sous régionales sont tenus de participer à l'élaboration des stratégies globales pour gérer les conflits en faisant appel à divers intervenants nationaux et internationaux qui contribuent au renforcement des structures de paix, qui prises en compte à plusieurs niveaux. L'action préventive consiste à réduire l'impact des facteurs à risque qui se répandent dans le monde comme déclencheurs de conflits.

Compte tenu des enjeux, les mesures et les actions concertées touchent au respect et à la mise en œuvre de consignes et de recommandations articulées autour de points spécifiques primordiaux :

- ✓ - L'exploitation raisonnée des ressources pour mieux répondre aux besoins matériels et sécuritaires des populations et préserver durablement la paix. Cette démarche vise à anticiper le bien-être des générations futures en bâtissant des états de paix et en édictant des mesures pour réduire la dégradation de l'environnement.
- ✓ - La réduction des inégalités qui incite les gouvernements territoriaux à prendre des mesures pour répartir équitablement les ressources, avec des dispositifs démocratiques inclusifs de concertation. L'intérêt d'une démarche démocratique consiste à renforcer les liens d'appartenance affective des individus pour maintenir leur stabilité psychique.
- ✓ - La mise en place de structures de veille de transition écologique par l'anticipation et l'organisation du renouvellement des ressources aux plans écologique, économique, technologique et social avec

une meilleure diffusion des savoirs et l'organisation d'enseignements ouverts et qualifiants pour tous, en vue de favoriser les possibilités de satisfaction des besoins d'estime de soi des individus. En œuvrant pour la société, cette démarche de valorisation individuelle disposerait chacun à s'accomplir et à participer à l'accomplissement de l'autre.

✓ - Une coopération entre les États, ainsi qu'une mise en place au niveau planétaire de cadres règlementaires qui renforceraient les capacités nationales pour anticiper et prendre en compte les changements climatiques et leurs impacts, ainsi que la règlementation du commerce des ressources minières qui alimente les conflits et la prolifération des armes chimiques et nucléaires. Cette démarche contribuerait à viabiliser et à généraliser les processus de paix pour préserver l'humanité.

J'attire l'attention du lecteur sur les correspondances de rapport entre les exigences globales et les finalités humaines, représentées dans ce tableau qui fait référence à celui du Psychologue Abraham Harold Maslow, considéré comme le père de l'approche humaniste et reconnu pour son explication de la motivation par la hiérarchie des besoins, souvent représentée par sous la forme d'une pyramide.

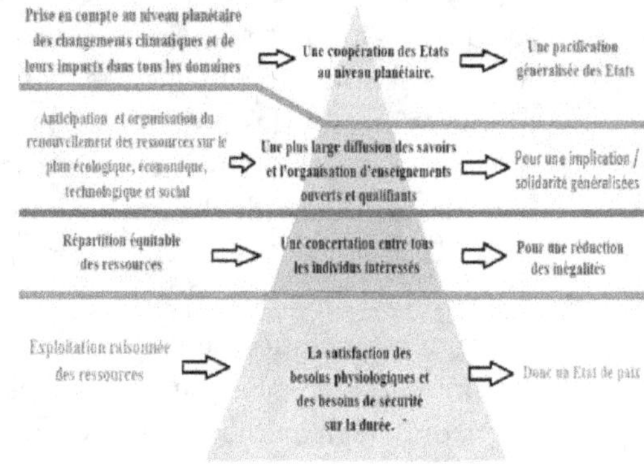

Fig. 30 : Responsabilités des institutions pour une humanité durable

Cette démarche préventive agirait en aval sur les risques de survenance des conflits et viserait par anticipation à créer des liens inexistants entre les peuples pour construire un tissu social global et pacifique.

A- LE RÔLE DES FEMMES DANS LA PRÉVENTION DES CONFLITS

La gestion moderne des conflits sociopolitiques qui déstabilisent la région subsaharienne est généralement conduite de main de maitre par des hommes, tandis que, principales victimes des conflits à travers le monde, les femmes sont absentes des tables de décision et des instances de dialogue constructif. D'après des sources onusiennes, 80% des réfugiés dans le monde sont des femmes alors qu'elles ne sont pas souvent impliquées dans les processus de gestion des conflits.

La société patriarcale a contribué à l'asservissement de la femme, la reléguant au second plan de la vie publique. Or, s'il y a une femme derrière tout grand homme, il y a également une femme derrière tout dictateur et tout criminel. Les femmes sont particulièrement douées pour orienter l'horizon de l'individu. Elles pourraient même l'inciter à dépasser ses intérêts égoïstes pour œuvrer pour le bien de l'autre, en engageant même le plus insensible des dictateurs à prendre en compte la satisfaction des besoins urgents des populations. Les hommes font de la guerre leur affaire, alors que la paix est une affaire de femmes.

L'égalité homme-femme ne saurait être qu'une réalité mathématique, elle pourrait être fonctionnelle. Loin de correspondre aux clichés de l'esclave soumise au dispositif marital, la femme considérée comme la mère de l'humanité serait un instrument de paix. Appelée à concevoir et à éduquer les enfants et pas exclusivement les siens, la mère représente la première école de vie.

À travers une chaleur communicative qui fonde son caractère et sa personnalité future, une osmose naturelle dont découle sa stabilité, gage de positivité pour l'avenir social, elle anime les premiers contacts psycho-affectifs de l'enfant. En revanche, un enfant qui reçoit des brimades et des vexations dès son plus jeune âge risque de devenir défaitiste.

Le stade ontogénique le plus important chez l'humain étant sa prime enfance, le caractère de l'individu se forge durant cette période, puis se modèle à travers le regard et les attitudes de sa mère. L'école n'intervient qu'en complément de la prime éducation reçue au sein de la famille, en particulier par la mère dont le rôle est d'inculquer les valeurs fondamentales de la vie et celles de la socialisation indispensable à la construction cohérente de l'individu.

On peut considérer que la femme éduque et façonne le monde à travers son rôle indéfectible concernant le devenir humain.

En prévision de ses futures responsabilités familiales et sociales, la mère éduque dès l'allaitement son enfant au respect de l'autre, à la solidarité et au partage qui lui confèrent dès lors le don de percevoir les signaux convergents face aux conflits interpersonnels et intercommunautaires.

Traditionnellement, la femme subsaharienne apportait l'idée de paix à l'éducation des enfants en anticipant l'attitude des futurs adultes dans des scènes de la vie quotidienne, dans les manières de demander un service et dans le jeu. Elle intégrait la régulation des rôles et des comportements conflictuels des enfants. Elle avait une fonction primordiale dans la transmission de la culture de paix.

Par l'éducation qu'il reçoit de son entourage et particulièrement de sa mère, la vision future de l'individu se construit dès sa naissance. Il est donc important de bâtir et d'asseoir dès l'enfance les valeurs de l'individu qui gouvernera le monde de demain, en promouvant sa participation au sein des instances de décision tout en renforçant davantage ses capacités au sein des dispositifs de gestion des conflits. Les capacités de la femme négro-africaine nécessitent d'être positivement exploitées.

B- LE RÔLE DES JEUNES DANS LA PRÉVENTION DES CONFLITS

Dans la sous-région subsaharienne, le tissu social est désagrégé, les jeunes diplômés et compétents peinent à obtenir un statut ou un pouvoir économique indispensable à la satisfaction de leurs besoins essentiels.

D'après l'UNESCO, les pays d'Afrique subsaharienne ont la plus grande proportion de moins de 30 ans dans la population mondiale, avec 70 % de la population sous cette tranche d'âge.[96] Les

---

[96] UNESCO, Journée mondiale de la radio, 2017

jeunes de moins de 25 ans représentent les deux tiers de la population subsaharienne totale[97]. Convention internationale adoptée par les pays africains dans le cadre de l'Organisation de l'Unité Africaine, la Charte africaine de la jeunesse établit que « *toute personne âgée de15 à 35 ans est considérée comme étant jeune* »[98].

Publié en 1985, le premier rapport de l'UNESCO sur la jeunesse la définit dans une période qui inclut la fin de l'adolescence et le début de l'âge adulte, c'est-à-dire entre 15 et 24 ans environ[99]. Cette période chevauche la fin de l'adolescence et le début de l'âge adulte. Les 18-30 ans sont désignés par l'expression « *jeune adulte* »[100].

La différence vient de l'interprétation africaine traditionnelle qui considère tout individu comme un adulte dès lors qu'il a franchi les étapes initiatiques validant ses aptitudes pour assumer des responsabilités. Cette vision de la responsabilité individuelle laisse entrevoir la portion d'importance

---

[97] Jean-Pierre Guengant et John F. May, L'Afrique subsaharienne dans la démographie mondiale, Études 2011/10 (Tome 415), pages 307

[98] Charte africaine de la jeunesse, adoptée par la 7ᵉ session ordinaire de la conférence de Banjul, (Gambie), juillet 2006

[99] Wikipedia, Susan M Sawyer, Peter S Azzopardi, Dakshitha Wickremarathne et George C Patton, "The age of adolescence", The Lancet Child & Adolescent Health, janvier 2018

[100] Wikipedia, JJ Arnett, «Emerging adulthood. A theory of development from the late teens through the twenties", The American psychologist, vol. 55, n° 5, mai 2000

que la société africaine porte à la nécessité d'harmonie sociale par le biais des actions individuelles qui préservent les droits collectifs des communautés.

L'avenir de l'humanité dépend de la jeunesse qui constitue l'atout majeur et stratégique de la stabilité et du développement des territoires. La sous-région subsaharienne a besoin de paix pour assurer l'épanouissement de ses jeunes.

La gestion constructive des conflits fait appel à la participation de tous les individus, notamment les jeunes. Bien que la jeunesse négro-africaine moderne soit plus ou moins dénuée de repères sociaux, elle vit dans la pauvreté et souffre de nombreux traumatismes liés aux conflits. Sans emploi, elle fait souvent partie des boucs émissaires les plus touchés par leurs conséquences. Pourtant, la jeunesse représente le futur, elle constitue l'élément fondamental et durable de la société subsaharienne.

Les jeunes ne sont pas seulement victimes des conflits, ils sont aussi porteurs d'avenir tant sur le plan écologique, qu'en ce qui concerne la transmission par l'éducation, ce d'autant plus que *«l'éducation doit favoriser la compréhension, la tolérance et l'amitié entre toutes les nations et tous les groupes sociaux ou religieux»*[101].

---

[101] Déclaration des droits de l'homme : article 26.2

En raison de leur vulnérabilité, ils constituent souvent des proies faciles pour les vendeurs d'illusions que sont les politiciens ou les groupes armés qui les instrumentalisent pour détruire les valeurs sociales. À parts égales avec les adultes, les jeunes participent de plus en plus aux conflits et peuvent même en constituer les principaux acteurs et en être aussi les premières victimes.

Il existe un lien étroit entre le chômage, l'oisiveté des jeunes et les violences juvéniles subsahariennes. Face aux nombreux maux auxquels ils doivent faire face et en raison des systèmes de gouvernance fermés, ils choisissent la violence pour se faire entendre parce que le système ne leur accorde pas la possibilité de prendre toute leur place dans les dynamiques sociales.

Pourtant, la jeunesse se veut aisément facilitatrice de communication et de rapprochement avec l'autre. Toute disposition de dialogue et de concertation avec les jeunes permettrait de les associer aux prises de décisions et de prendre en compte leur vision de l'avenir.

La préservation des valeurs de paix et la sensibilisation des générations futures doivent être promues par leur inclusion dans des coresponsabilités. Se présentant comme pont intergénérationnel, la jeunesse doit être impliquée dans les actions de socialisation des territoires, indispensables pour la prévention et la gestion des conflits en vue d'une société pacifique.

II- LA GESTION APAISANTE DES CONFLITS

«Pacifier l'humanité par l'Afrique»

Les conflits étant des phénomènes humains, il est absolument indispensable de les résoudre de façon humaine, sans susciter d'autres violences. Bien qu'il n'existe aucune formule toute prête pour résoudre les conflits, ceci implique la nécessité d'analyser et de comprendre les facteurs déclencheurs.

Lorsqu'il est question de résoudre les conflits, on entrevoit seulement la signature d'accords de paix…

L'Organisation des Nations Unies énonce que: « les parties à tout différend dont la propagation est susceptible de menacer le maintien de la paix et de la sécurité internationales doivent avant tout en rechercher la solution par voie de négociation, d'enquête, de médiation, de conciliation, d'arbitrage, de règlement judiciaire, de recours aux organismes ou accords régionaux ou par d'autres moyens pacifiques de leurs choix »[102]. Cette préconisation

---

[102] Organisation des Nations Unies, Charte, Article 33

onusienne absolue incite à la mise en œuvre de processus de résolution non violents pour permettre aux populations d'interagir dans leurs différences.

Cependant, le statut juridique d'une guerre civile n'accorde ni aux puissances étrangères, encore moins aux Institutions internationales le droit d'intervenir, quand bien même il est évident qu'une agression étrangère est déguisée en guerre civile.

Parmi les modes de résolution des conflits préconisés de manière globale, on peut retenir la médiation, car en matière de différends elle concerne précisément le volet humain.

La médiation politique mise en œuvre dans les territoires est un processus au cours duquel un tiers intervient dans un contexte de blocage de communication entre des parties dont l'une au moins est un État, une collectivité territoriale ou une Institution, lorsque les relations sont suffisamment conflictuelles pour que les négociations directes soient impossibles.

La médiation politique moderne est née au 17e siècle, suite aux traités de Münster et d'Osnabrück pour établir la paix de "*Westphalie*" qui marquait la fin de la guerre de Trente Ans en Europe.

En 1899, une Convention sur le règlement pacifique des conflits internationaux a vu le jour, puis elle a été révisée en 1907 à La Haye entre les États européens et non européens. Elle stipulait qu'en cas

« de dissentiment grave ou de conflit, avant d'en appeler aux armes, les puissances contractantes conviennent d'avoir recours aux Bons Offices ou à la médiation d'une ou plusieurs puissances amies ». Le rôle du médiateur est ensuite défini, consistant à « concilier les prétentions opposées et apaiser les ressentiments qui peuvent s'être produits entre les États en conflit »[103].

Deux principales formes de médiation politique sont possibles :

A- LA MÉDIATION POLITIQUE PAR LE HAUT: LES «BONS OFFICES»

Les Bons Offices constituent un modèle de médiation politique « par le haut », consistant à gérer « des conflits pour lesquels des adversaires recherchent l'assistance ou acceptent la proposition d'aide d'un tiers, d'un État ou d'une organisation pour traiter leurs conflits … sans avoir recours à la force physique ou invoquer la loi »[104].

Exhortée par le Conseil de Sécurité des Nations Unies, la médiation politique des Bons Offices est définie comme étant une médiation politique par le

---

[103]Organisation des Nations Unies, Charte, Article 2
[104] *Idid, op, cit.*

haut parce qu'elle encourage « le développement du règlement pacifique des différends d'ordre local par le moyen d'accords conclus par les membres de l'Organisation des Nations Unies ou d'organismes régionaux, soit sur l'initiative des intéressés, ou sur renvoi du Conseil de Sécurité »[105]. Faisant appel à des personnalités de pouvoir, ce dispositif s'apparente à une conciliation, d'autant plus que les préconisations susmentionnées semblent en contradiction avec les principes onusiens de médiation qui insistent plutôt sur la nécessité de résoudre humainement les conflits, car elles font appel à la loi.

Le pacte de la Convention de La Haye stipule que seront soumis à l'arbitrage ou à la justice les différends que la diplomatie n'aura pu aplanir de manière satisfaisante. Le même pacte laisse entendre dans sa définition des Bons Offices et de la médiation une sorte de négociation assistée, à cheval entre la conciliation et la diplomatie selon des dispositifs qui n'intègrent définitivement pas l'humain.

Ce mode de règlement qui incite à la régionalisation de la sécurité collective se heurte néanmoins au principe de non-ingérence dans les affaires intérieures des États, rendant d'ailleurs malaisée toute appréciation objective des conflits dans la mesure où la paix sociale est imposée d'en

---

[105] Charte des Nations Unies, chapitre VIII, article 52, paragraphe 3

haut par le droit, sans associer les parties dans la prise de décision.

Mode de gestion des conflits par le haut, les Bons offices sont conçus comme un arbitrage mené au sommet des États par des forces d'interposition, des observateurs en principe « neutres », mais qui sont en réalité des personnalités de pouvoir dont la mission consiste à faciliter la reprise des négociations. Ces observateurs ne prennent pas souvent en considération le poids des mentalités et ne requièrent pas souvent non plus l'implication des populations.

Les médiateurs des Bons offices sont des personnalités privilégiées, d'anciens diplomates ou des proches de diplomates dont les carrières se sont construites entre les organisations intergouvernementales, les organisations non gouvernementales et très souvent les sommets des gouvernements. La plupart de temps, ces médiateurs n'ont de connaissance des territoires que celle des milieux chics et huppés, loin des régions où coule du sang humain et les larmes de douleurs.

De ce point de vue, la posture intéressée des médiateurs les prédispose à fonctionner loyalement vis-à-vis de leurs homologues et hôtes, les contraignant à des formules de politesse en vue de la clôture sans heurts des négociations. Les tractations conduites par les observateurs des Bons Offices rappellent l'exercice du pouvoir et de fait, ces élites du monde n'associent aucune démarche de terrain dans des perspectives de justice sociale, tandis qu'elles suggèrent que les accords ratifiés sont toujours présentés comme étant « *la volonté des peuples* ».

La médiation politique par le haut pourrait en elle-même être une démarche révoltante, car elle fait appel à une forme de coercition pour maintenir la paix. Loin d'être un instrument de pensée, c'est un dispositif gagnant-perdant qui ignore le poids des mentalités, qui ne donne pas l'opportunité aux populations d'exprimer leurs émotions, encore moins leurs ressentiments face aux situations qu'elles subissent.

La médiation politique par le haut se définit comme un « *state building* » basé sur des mesures plus ou moins coercitives autour des personnalités de pouvoir dans l'optique de faciliter la reprise des négociations au sommet, pour imposer la paix ou de la maintenir.

Les accords conclus au sommet des gouvernements par les responsables politiques et élitaires ne sauraient cependant assurer une paix durable. On constate que la palabre fait défaut au sein des organisations internationales, car la paix sociale est imposée d'en haut par le droit, sans associer les parties en conflit dans la prise des décisions.

Selon cette logique, la médiation par le haut se réduit à une forme de conciliation. Elle incite à faire la distinction entre ces deux notions confuses : la conciliation qui se définit par son objectif qui est de ré-unir, tandis que la médiation s'affirme par sa méthodologie qui impose que les médiateurs soient au milieu des parties pour les écouter. On pourrait en déduire que le conciliateur, observateur des Bons Offices est mu par une obligation de résultat, contrairement au médiateur, plus directif, qui propose par des exemples des solutions aux parties, sans obligation de résultat.

Préconisée par la plupart des chercheurs pour la cohésion de la société, il est nécessaire de mettre en place une médiation politique gagnant-gagnant qui favoriserait la préservation des rapports humains, à travers la mise en oeuvre d'un système de communication à tous les niveaux de la société, d'où la nécessité de faire face aux éléments de tension pour les réduire et permettre le renforcement des Institutions qui rend possible l'engagement du dialogue. Il s'agit d'offrir une autre alternative que la violence en favorisant les interactions des populations dans leur différence.

B- LA MÉDIATION POLITIQUE

PAR LE BAS

Le conflit étant perçu comme une manifestation du désir de tout bouleverser, de tout renverser et éventuellement remettre les compteurs à zéro, la

Charte des Nations Unies préconise que: « les parties à tout différend dont la prolongation est susceptible de menacer le maintien de la paix et la sécurité internationale doivent en rechercher la solution, avant tout par voie de négociation, de conciliation, d'arbitrage, de médiation… de recours aux organismes ou accords régionaux, ou par d'autres moyens pacifiques de leur choix »[106], « la meilleure arme étant de s'asseoir et parler »[107].

L'Organisation des Nations Unies insiste sur l'usage de dispositifs favorisant les règlements des différends par voie pacifique en faisant participer les civiles intéressées, leur accordant la possibilité de s'impliquer aux côtés des Institutions étatiques pour la gestion des problèmes propres à leurs territoires.

La médiation politique par le bas est un mode de résolution des différends qui traite aussi de la partie « subjective » et humaine des conflits, prenant en compte l'expression des émotions et des préoccupations suscitées par la non-reconnaissance et le manque de considération des affects des personnes. Il est alors utile de renouer le dialogue, puis de rétablir la confiance entre les gouvernements et les populations.

Le défaut de communication empêchant l'individu confronté de faire son deuil, la médiation

---

[106] article n° 33, la Charte des Nations Unies

[107] Nelson Mandela

fait partie des dispositifs de résolution pacifique des conflits qui admet l'élaboration de récits, intégrant les contraintes culturelles et socio-économiques intériorisées par les individus.

Considérée comme un espace de réflexion et de choix pour la reprise d'une vie libre, la médiation est un processus moderne inspiré de la palabre traditionnelle qui mobilise les ressources psychiques individuelles pour entamer une réflexion sur soi-même afin d'extraire et de construire des raisons objectives d'agir pour soi et pour l'autre. Comme la palabre, la médiation politique par le bas traite les conflits en profondeur en partant de leurs racines historiques.

Aucun État ne peut être contraint de choisir la médiation politique et encore moins l'usage de la force pour régler les différends au sein de son territoire. Cependant, son choix pourrait être limité dans la mesure où la clause d'un accord prévoirait un mode précis en cas de litige.

Depuis le 20ᵉ siècle, le recours à la médiation politique gagne du terrain, et grâce à la multiplication des domaines visant à promouvoir la démocratie et l'essor de ce mode d'intervention dans les relations sociales, de nombreuses initiatives voient le jour.

Suite à l'émergence d'une conception moderne de la justice préservatrice du tissu social, la médiation politique a été instituée et définie en France par la loi n° 95-125 du 8 février 1995. Elle respecte dans son processus un code d'éthique et de déontologie qui définit celles du médiateur, prend en compte les valeurs structurelles et transversales des individus en présence, l'histoire des groupes constitués, leur sociologie et tous les phénomènes humains en rapport au territoire.

C'est un processus de reconstruction postconflit désigné à juste titre de médiation par le bas parce qu'elle associe les populations. Elle est interne aux États et prend en compte la dimension émotionnelle des conflits et l'importance des relations à maintenir.

La médiation politique par le bas est une discipline transversale qui fait appel à d'autres disciplines, depuis le droit jusqu'à la psychologie, en passant par l'histoire, la culture et la sociologie des individus en présence. Elle a de plus l'avantage de s'harmoniser aux réalités africaines. « L'histoire, la culture et la sociologie des peuples jouent un rôle dans la promotion d'une culture de paix et dans l'établissement de rapports harmonieux pour leur pacification »[108].

Grâce au dialogue participatif qui détermine la recherche du consensus pour exprimer une vision commune de l'avenir, la médiation politique par le bas permet aux différents acteurs de se mobiliser pour le développement politique et économique de

---

[108] 1 BAH, Thierno Mouctar, "Guerre, Pouvoir et Société dans l'Afrique précoloniale", Thèse pour le Doctorat d'État es Lettres, Université Paris-Sorbonne, 1985.

leur territoire parce que la reconnaissance et l'autonomisation des individus favorisent leur évolution dans la relation à la pauvreté et les poussent à se transformer par eux-mêmes dans la reprise positive du pouvoir.

Les orientations des processus de médiation pourraient prioritairement être traduites par des mesures prises à court terme pour fournir des solutions rapides aux besoins des personnes en situation d'exclusion et par des mesures sur le long terme, susceptibles de faire évoluer les premières de manière structurelle.

Depuis de nombreuses années, certains de spécialistes consacrent leurs recherches sur les « besoins de la médiation » à travers des théories qui visent à trouver des réponses aux besoins pré-développés par l'analyse des causes, telles qu'évoquées dans les chapitres précédents. En fonction des enjeux et des objectifs escomptés, le médiateur opère des choix parmi une diversité de modèles de médiation politique.

En l'occurrence, les enjeux d'une paix durable doivent être cherchés dans la coexistence pacifique entre des populations et les décideurs. Dans le cas concret des territoires subsahariens, les menaces envers la paix sociale trouvent leurs origines dans les interactions qui constituent les principales sources de conflits autant qu'elles sont aussi la condition de leur résolution.

1. Le modèle de médiation transformative

On recense à travers le monde de nombreux conflits qui perdurent selon des niveaux de violence variables et se révèlent souvent particulièrement résistants aux interventions et aux méthodes traditionnelles de médiation et de négociation. Ils se définissent par leur persistance, avec des cycles de violence déployés dans la durée, chacun augmentant davantage leur complexité et leur résistance à une résolution durable.

La nécessité d'une approche complexe de la résolution et de la transformation des conflits apparait comme une évidence si l'on se fie aux quelques exemples où une solution durable a été trouvée et mise en œuvre avec succès et dont les objectifs ont souvent été de parvenir à des agréments garantissant de mutuels intérêts, ainsi que la construction de relations nouvelles entre les opposants.

Certains méthodologistes consacrés aux recherches sur la paix réfléchissent sans cesse à des approches alternatives pour résoudre et transformer les conflits en éradiquant la violence structurelle analysée comme constitutive de leurs racines.

La médiation politique transformative se définit comme un principe d'accord approfondi qui transforme les relations sociales par l'institutionnalisation et la restauration de la coexistence entre d'anciens « adversaires » en passant par des récits et l'expression des ressentiments.

En 1997, John Paul Lederach, professeur américain en consolidation de paix, distingué érudit de l'Université Notre Dame dans l'Indiana et fondateur du Centre pour la justice et la consolidation de la paix de la Eastern Mennonite Université, estimait que « la consolidation transformative de la paix maintient et prolonge le changement personnel et systémique »[109]. Il se basait alors sur l'hypothèse d'une construction des relations pacifiques durables par la communication, à travers une interaction pyramidale d'intervention.

Cette approche favorise l'association de toutes les strates de la population aux décisions qui doivent être mises en œuvre dans les processus de médiation (cf. figure ci-dessous)[110]. Elle évoque « la nécessité de construire des relations pacifiques durables en s'appuyant sur des expériences objectives de communication, car si les relations sont à la source du conflit, elles sont aussi la condition de sa résolution ».

---

[109] John Paul Lederach, Preparing for peace. Conflict Transformation across Cultures, Syaracuse, NY, Syracuse University Press, 1995, P. 20
[110] John Paul Lederach, Building Peace: sustainable reconciliation in divided societies, Washington, D.C.: United States Institute of Peace Press, 1997, 39

De nombreux médiateurs sont unanimes sur le fait que le travail d'apprentissage du dialogue et de la tolérance manque à la plupart des processus de paix, dont celui des Bons Offices, considérés comme une *elite driven,* au sein duquel le peuple est souvent spectateur passif, contrairement au *mass driven* qui associe toutes les populations en les rendant actrices des processus. Cette manière de penser la paix pourrait être intégrée dans la théorie de Roger Fisher, Juriste à la Harvard Law School. Il s'est illustré avec ses interventions lors de la guerre du Vietnam et de la prise d'otages américains à Téhéran, dans le conflit israélo-arabe, en Afrique du Sud, en Géorgie, mais aussi pour avoir élaboré le modèle dit de Harvard qui consacre le principe d'un processus gagnant-gagnant.

Fisher propose de n'envisager un accord de paix qu'après l'apaisement des haines existantes par le biais d'un « *mass driven* » au sein duquel le peuple communautarisé serait acteur et non spectateur passif (voir pyramide ci-dessous).

Cette approche correspond à une organisation du dialogue à plusieurs niveaux dans les dimensions locales, puis à l'échelle des relations interpersonnelles, faisant appel aux comportements individuels pour corriger les préjugés sur autrui et faciliter les négociations de paix avec la promotion de la démocratie.

Types d'acteurs

Approches de construction de la paix

Niveau 1 : Leadership supérieur

Dirigeants militaire/politiques/ religieux de haute visibilisté

- gros plan sur les négociations de haut niveau
- Souligner le cessez-le-feu
Dirigée par un médiateur
unique hautement visible

Fig. 31 : **Schéma d'un mass-driven**[111].

La médiation transformative facilite le dialogue avec un processus à moyen et long terme d'autoréflexion critique qui permet aux parties prenantes de mieux se comprendre elles-mêmes, de mieux comprendre les autres et le conflit et de corriger les présupposés pour parvenir à redéfinir leurs propres attitudes et leurs objectifs. Le but est d'inventer des solutions et des stratégies transformatrices pour réaliser des objectifs redéfinis.

Cette transformation complexe des conflits nécessite non seulement des changements de comportement chez les acteurs, mais aussi des

---

[111] John Paul Lederach, Building Peace. Sustainable Reconciliation in divided Societies, Washington, United State Institute of Peace Press, 199 (traduit)

changements dans les contextes sociaux et culturels. Anta Diop renchérit cette vision de la transformation des conflits et estime que « la conscience de l'homme moderne ne peut progresser réellement que si elle est résolue à reconnaitre explicitement les erreurs d'interprétations scientifiques, même dans le domaine très délicat de l'Histoire, à revenir sur les falsifications, à dénoncer les frustrations de patrimoines. Il s'illusionne, en voulant asseoir ses constructions morales sur la plus monstrueuse falsification dont l'humanité ait jamais été coupable tout en demandant aux victimes d'oublier pour mieux aller de l'avant »[112]. La place du médiateur serait importante dans la conduite d'un tel processus.

2. LE MÉDIATEUR POLITIQUE

La « présence d'un tiers fonde le processus de médiation »[113]. Une observation des pratiques sociales au sein des démocraties contemporaines montre que les médiateurs s'investissent dans tous les domaines de l'activité institutionnelle, politique et sociale. Depuis l'Union européenne jusqu'aux collectivités locales en passant par les administrations

---

[112]Cheikh Anta Diop, « Antériorité des civilisations nègres – mythe ou vérité historique ? », Paris, *Présence Africaine*, p. 12.
[113] Jacques Faget, les Ateliers silencieux de la Démocratie, Erès, p. 190

d'État, de nombreuses Institutions ont créé leurs médiateurs.

En effet, le médiateur transformatif a pour rôle d'impulser une unité narrative entre les parties, mais aussi de concilier les prétentions opposées et d'apaiser les ressentiments qui peuvent s'être produits entre les États en conflits et les populations, en rétablissant la communication et une collaboration pacifique.

De manière générale, le médiateur sait écouter avec bienveillance et authenticité dans le cadre au sein duquel il fixe les règles de communication dans un climat de respect mutuel, incitant les parties à s'impliquer davantage. De nombreux auteurs considèrent cependant que le médiateur ne doit pas se contenter d'un seul style, mais qu'il doit adapter son mode d'intervention à l'évolution de la crise ou du conflit.

Une nécessité d'auto-évaluation permanente s'impose au médiateur transformateur tenu par sa responsabilité morale et sa déontologie professionnelle qui se définissent par :

a)   L'éthique du médiateur politique

Technicien du dialogue, le médiateur politique transformatif[114] est une personne physique dont le rôle est de métamorphoser l'interaction entre les parties par un environnement favorable à la communication des personnes, les rendant compétentes pour exprimer leurs sentiments, leurs besoins et leurs intérêts, mais surtout pour reconnaitre ceux des autres.

Le médiateur exerce sa profession dans le respect de l'éthique et des quatre grands principes qui la caractérisent: l'autonomie, la bienfaisance, la justice et la non-malfaisance.

b) Le principe d'indépendance du médiateur politique

L'humanisme détermine la principale caractéristique du médiateur politique; il est « susceptible de jouer un rôle dans le champ social, en l'espèce sur la "scène internationale »[115].

Son rôle actif dans les relations sociales pourrait contrarier son indépendance aux yeux de l'opinion publique. Il n'en est rien, car l'objectif de la médiation se résume au maintien des relations humaines. L'indépendance du médiateur politique

---

[114] J.P. Folger et R.A.B. Bush, «transformative mediation and third-party intervention ten hallmarks of a transformative approach to practice", Mediation Quaterly 13: 4 (1996), p. 263-278.
[115] Marcel Merle, Sociologie des relations internationales, Paris, Dalloz, 1974, P. 436

ne souffre d'aucune équivoque, car il recherche l'épanouissement humain.

c) Le principe d'impartialité et de neutralité du médiateur politique

Le médiateur doit distribuer et équilibrer le temps de parole tout en s'interdisant de favoriser l'une ou l'autre des parties, mais en étant avec l'une et l'autre par son empathie face aux situations et tout en se gardant d'exprimer sa compassion. Ce principe "d'indifférenciation"[116] sous-tend la mission du médiateur, son égalité d'humeur envers les parties lui imposant de s'abstenir d'intervenir dans toute médiation impliquant ses propres relations.

La doctrine dominante voudrait que l'impartialité du médiateur souvent confondue avec la neutralité soit un critère fondamental de réussite de la médiation, car l'impartialité est la seule voie pour s'attacher la confiance des opposants et parvenir à créer les conditions de sa légitimité. Lederach pense que la confiance est un élément déterminant et que l'impartialité n'est pas subordonnée à la possession d'un pouvoir par le médiateur.

d) La confidentialité imposée au médiateur politique

---

[116] Jacques Faget, «*Les ateliers silencieux de la démocratie*», ….

Les échanges entre le médiateur et les parties restent confidentiels, celui-ci y est tenu. Les « constatations du médiateur et les déclarations qu'il recueille ne peuvent être ni produites, ni invoquées dans la suite de la procédure sans l'accord des parties, ni en tout état de cause dans le cadre d'une autre instance »[117], encore moins à l'autre partie.

e) La posture globale du médiateur politique

Bien que n'étant ni conseiller juridique ni enquêteur, encore moins juge, le médiateur transformateur est apte à comprendre les litiges à l'origine des conflits, la psychologie des personnes et des groupes impliqués, leur histoire ainsi que leur sociologie. Grâce à sa qualité d'écoute active des conversations, de reformulation des récits, de décodage des gestes et des affects, ses connaissances, sa bienveillance et son empathie lui permettent de situer précisément les points de confusion et d'incompréhension, l'expression des feedbacks l'autorisant à mieux dégager des hypothèses.

L'intervention du médiateur est acceptable parce qu'il n'a pas le pouvoir de contraindre les parties, encore moins de poursuivre ses objectifs propres. Il a simplement le loisir d'appliquer un modèle et d'influer sur la tonalité des échanges.

---

[117] Nouveau Code de Procédure Civile Article 131-14

3. La pré-médiation politique et la mise en œuvre du processus

La médiation politique est un processus conventionnel qui favorise la construction des formes de sociabilités et définit des cadres de vie publique visant à « établir un lien entre l'individu et le collectif »[118]. Dans diverses arènes interactives de niveaux d'intervention, il met en place des passerelles de communication, dont la diplomatie au sommet, le niveau de coopération des individus, celui des Institutions avec les gouvernements, puis le niveau du dialogue public et de la société civile.

Le processus d'apprentissage de la médiation politique transformative se met en œuvre de manière plus générale suite à la démarche volontaire d'une des parties en conflit qui contacte par tous les moyens de communication possible le médiateur pour lui manifester son désir de rétablir la communication avec l'autre partie. En fonction des situations, elle pourrait parfois se mettre en œuvre dans l'urgence à l'initiative du médiateur, des leaders ou d'éventuels collatéraux lors des émeutes.

Il n'existe pas de bon moment pour l'intervention du médiateur dans les conflits, car leur maturité ne se

---

[118] Jean Caune : Relation du sujet à autrui, 1999, p. 1

mesure pas rationnellement, mais plutôt psychologiquement selon l'intensité des passions qui animent les protagonistes.

À la suite d'une manifestation volontaire, le médiateur contacte l'autre partie, par téléphone ou par courrier, pour lui faire part de l'initiative de la démarche en l'invitant à une rencontre d'information sur la médiation. Si à la suite de cet entretien cette partie accepte l'invitation et accepte aussi de s'impliquer dans la démarche, le médiateur organise une réunion plénière entre les parties ou leurs représentants, la plupart du temps des associations ou une ONG qui représente les populations.

Si les deux parties manifestent ensemble leur volonté de trouver des solutions pour rétablir un dialogue pacifique, le médiateur établit un protocole d'entrée en médiation et présente ses honoraires à la charge de la Banque Mondiale ou de toute autre Institution financière concernée.

Bien qu'ayant des responsabilités partagées, Bretton Woods, le Fonds Monétaire international et la Banque Mondiale poursuivent un objectif commun, celui de relever le niveau de vie des populations des pays membres des Nations Unies, en jetant les bases d'une économie mondiale plus stable et plus prospère. La Banque Mondiale consent prioritairement à l'initiation du développement local en sollicitant la contribution réflexive de chacun, dans l'optique de barrer la voie aux différents fléaux, à l'exemple de la pauvreté qui mine la société subsaharienne. Le développement des pays sous-développés passe notamment par la lutte contre la pauvreté et la baisse des taux de chômage.

4. *Le processus de médiation politique transformative*

Le processus de médiation est un cadre fondamental d'éducation à la paix durable, qui n'est possible qu'après le dépôt des armes d'une part et qui ne saurait être transposable dans tous les territoires. Le médiateur adapte ses processus en fonction d'autres facteurs ponctuels de terrain. Au sein d'un *problem-solving workshops*, il associe des dirigeants associatifs, des leaders et des représentants de la société civile, des représentants des professions libérales, les membres et employés des organisations non gouvernementales, ainsi que des personnalités d'influence.

Dans le contexte subsaharien, la prise en compte prioritaire des systèmes d'administration coloniale est incontournable pour tout processus de médiation. Elle permet de déterminer la mentalité des individus, en orientant le médiateur sur l'état d'esprit des populations.

Ces réunions de travail collégiales incluent aussi les principaux fauteurs de trouble, dont certains auraient parfois intérêt à maintenir les conflits. À l'aide de jeux de rôle au cours desquels chaque individu émet des suggestions, sans invectives et selon ses compétences, celles-ci contribuent au développement d'une analyse collective.

Le déroulement du processus de médiation transformative est un procédé complexe qui prend forme en trois phases où l'on met l'accent sur les défis du présent en considérant les influences du passé, pour affiner les perspectives d'avenir. Ces trois temps sont en lien direct avec les diverses perspectives dont nous retiendrons les neuf principales.

Pour le médiateur, la première consisterait à comprendre les acteurs en identifiant les plus cachés avec leurs objectifs. L'accent est porté sur le présent et la compréhension de la réalité du moment.

Dans la deuxième phase, l'accent sera mis sur le passé qui a façonné la vision de la société, les structures sociales et les comportements. Cette phase est axée sur une compréhension des dimensions subjectives du conflit à partir des structures sociales existantes et de l'inconscient social qui sous-tendent les significations politiques et culturelles.

Sur la base des critères de satisfaction des besoins humains fondamentaux, l'idée est de pouvoir reformuler des objectifs illégitimes en objectifs légitimes à travers l'empathie de toutes les parties prenantes. Les individus sont amenés à plonger dans les origines du conflit pour re-visualiser la manière dont il s'est développé dans le temps, en explicitant les rapports entre ses causes premières et les dimensions profondes des comportements. À la suite de cette analyse approfondie qui mène à la compréhension du conflit, une évaluation des objectifs légitimes rapportés aux besoins humains fondamentaux pourrait être définie et légitimée.

Dans la troisième phase, l'accent sera mis sur l'avenir, sur la vision des parties prenantes d'une société transformée, capable de garantir le niveau minimum de satisfaction des besoins humains fondamentaux pour tous ceux qui sont affectés. Cette phase consiste à élaborer une formule inclusive pour obtenir une solution durable fondée sur l'intégration créative des objectifs légitimes émis par les parties en conflit.

Le médiateur et les parties en conflits parcourent ainsi l'ensemble du cycle, accumulant les diverses visions apportées par les approches différentes, au point de parvenir à une réelle compréhension du conflit. Les perspectives proposées sont conduites dans ce processus d'inter-dialogue en s'assurant que tous les éléments exposés soient passés en revue.

De manière générale, l'objectif de ces trois phases d'approche méthodologique est de rétablir la coexistence par la réconciliation des personnes ordinaires réunies sur une base territoriale pour fonder une résolution durable. Elles sont étroitement liées aux diverses perspectives ouvertes sur l'avenir.

De ce point de vue, la médiation politique transformative qui prend en compte l'aspect humain des confrontations; celle-ci est considérée comme une mise en réseau des différents acteurs institutionnels, politiques, économiques et sociaux, concertés en vue d'analyser diverses perspectives dans l'optique de réaliser des objectifs sociaux.

La médiation politique se conduit de la manière suivante :

- Dans un premier temps, il est indispensable d'acquérir une bonne compréhension des enjeux du conflit, à savoir : <u>sur quoi il porte</u>, ce qui implique d'en identifier les acteurs, y compris les éventuels acteurs cachés ou oubliés, marginalisés ou exclus, et en savoir également plus sur leurs objectifs, ainsi que les stratégies qu'ils mettent en œuvre pour atteindre leurs buts. La question porte donc sur les acteurs et leurs comportements dans les interactions.

- La deuxième perspective nous emmène vers la compréhension des contradictions à l'œuvre au sein des conflits; celles-ci sont parfois relativement évidentes, comme par exemple dans un groupe tentant d'obtenir une indépendance face à ceux qui s'efforcent de maintenir l'intégrité territoriale et la souveraineté de l'État.

Dans les cas où le conflit revêt de nombreuses formes et survient dans des cadres différents, la contradiction peut être parfois plus difficile à saisir, notamment lorsque se pose la question de l'identité et de l'unité ethnique d'un territoire résultant des découpages coloniaux, de marquages territoriaux aléatoires pour lesquels on essaie de se référer à une carte et qu'on se trouve face à plusieurs tracés contradictoires. On assiste alors à une sorte d'opposition carte contre carte que déploie chaque partie avec des arguments « plausibles » rendant délicate la posture des médiateurs.

- La troisième perspective vise à examiner les présupposés, les besoins et les peurs qui sous-tendent les objectifs des parties en conflit, en laissant libre cours à leurs attitudes et leurs émotions individuelles. Il s'agit ici de mieux comprendre les divers besoins et objectifs qui ont motivé les démarches conflictuelles en distinguant le <u>pourquoi</u> et le <u>quoi</u> surgissant des récits émis par les différentes parties tentent de construire et qui repose souvent sur leur expérience passée.

Il est nécessaire d'associer toutes les parties prenantes. Elles doivent être disposées à s'impliquer plus profondément dans le pourquoi du conflit et à poursuivre le processus de sa transformation. Si une partie vient à se désister au cours du processus, cette manifestation de résistance interpelle le médiateur qui doit passer plus de temps avec elle pour passer en revue les trois premières perspectives et parfois examiner dans ce même huis clos exceptionnel certains aspects d'une des perspectives suivantes.

Si toutes les parties sont prêtes à passer à la phase suivante et à une compréhension plus approfondie du conflit, le processus peut continuer.

-   La quatrième perspective renvoie à l'analyse d'une approche interactionnelle pouvant favoriser la compréhension des comportements et chercher ce qui va se passer si les situations mises en exergue continuaient.

-   La cinquième perspective nous conduit à explorer les structures de la société et la manière dont elles influent peut-être sur les contradictions, en identifiant notamment les lieux de concentration du pouvoir. Il faut comprendre la structuration même de la société.

-   La sixième perspective poursuit le processus par un examen en première étape de la mémoire collective et de l'inconscient social dans la constellation du conflit. Elle nécessite une analyse du passé. Une théorie narrative est indispensable pour comprendre les significations et les schémas de pensées partagées par la société dans son ensemble, car ils ont un effet concret sur le conflit et sa manifestation dès lors qu'ils façonnent les attitudes et les présupposés des parties prenantes, leurs émotions et leurs attentes.

La deuxième étape de la sixième perspective permet de développer une compréhension plus approfondie du conflit, en générant des sentiments d'empathie de soi-même et de l'autre. Cette compréhension est également importante pour analyser l'attitude des autres parties en conflit, car « il ne s'agit ni de sympathie ni d'accord, mais d'une appréhension des émotions, d'attitudes et de présupposés de l'autre et par conséquent d'un changement de conception, d'un cadre oppositionnel [119] ».

Lorsqu'on parvient à une reconnaissance commune de la légitimité des besoins humains fondamentaux par toutes les parties prenantes au conflit, ou du moins un cadre de référence convenable pour une justice qui soit acceptable par tous sans constituer une violation de leurs conceptions respectives des besoins, et si de plus la

---

[119] Jay Rothman, Resolving Identity-Based Conflict in Nations, Organizations, and Communities, San Francisco, Jossey-Bass, 1997.

volonté d'explorer les moyens de leur satisfaction est manifestée, alors il est possible d'envisager le passage à l'étape suivante.

Orientée vers l'avenir, cette étape cherche à développer une nouvelle réalité authentique et légitime susceptible d'être mise en œuvre par les parties en conflit sur la base d'une reconnaissance des besoins de chacune. Quand bien même il n'est pas impossible que les objectifs transformés puissent faire l'objet de contradictions, on reste axé sur les objectifs et les stratégies des parties prenantes après transformation.

- Comme la sixième perspective, la septième est centrée sur l'approche narrative qui fonctionne au niveau des mémoires collectives et des récits. Il s'agit désormais d'identifier pour les deux parties quels objectifs respectent la satisfaction des besoins fondamentaux et leurs valeurs légitimes. On y associe des éléments alternatifs cognitifs et émotionnels, constructifs, afin de garantir l'authenticité du processus pour des solutions potentielles.

- La huitième perspective consiste en une approche systémique qui permettra de déterminer quelles structures devront être changées et recréées. À ce stade, divers objectifs devront être reliés entre eux en écartant les non consensuels et en rapprochant ceux qui font l'objet de compromis ou représentent de vraies solutions créatives.

Cette perspective est une démarche convergente et unificatrice apte à satisfaire les objectifs légitimes de chacune des parties. Sur la base de sa démarche constructive, elle inverse la tendance conflictuelle en transformant le rôle des acteurs auparavant porteurs de messages de haine, devenus des acteurs de paix pour une société unie et durable (voir figure ci-dessous).

Par des mesures concrètes qui suscitent une vision partagée pour aborder le conflit, la neuvième perspective motive un retour à l'action et à l'interaction. Sur la base d'une compréhension désormais approfondie du contexte culturel et sociétal, ces actions transforment le conflit, même s'il n'existe aucun plan parfait, encore moins de solutions parfaites et préconçues.

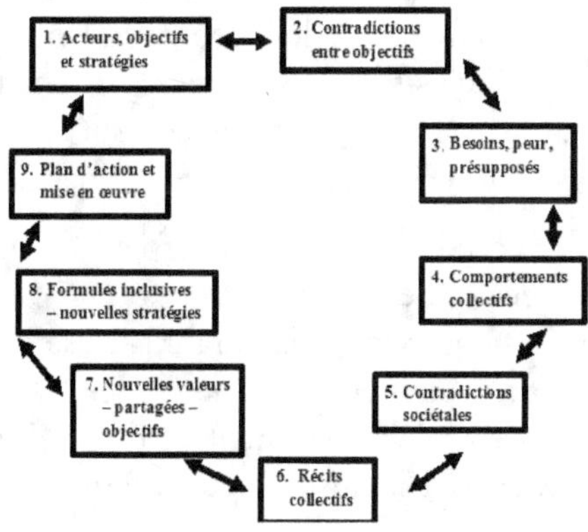

Fig. 32 : circuit d'un processus de médiation collective

Il n'existe pas de phase finale au processus de médiation transformative interactive des conflits. C'est un processus complexe et non linéaire qui se déploie à traves diverses phases et perspectives, intégrant à la fois les enjeux, les objectifs, les comportements et les attitudes des acteurs ou des organisations pris individuellement, pour atteindre les facteurs politiques, structurels et culturels qui exacerbaient le conflit. Par la suite, on parvient aux valeurs partagées, aux solutions créatives et aux actions non violentes basées sur la reconnaissance des besoins de tous.

La transformation permet de créer ou de renforcer les pactes sociaux au sein d'un environnement stable, ciment des peuples, propice à la maturation cohérente de l'identité individuelle. Ce processus inclusif et interactif admet une réconciliation à long terme qui insiste sur la durabilité des efforts consentis par les parties prenantes.

Un accord doit toutefois comporter suffisamment de flexibilité pour prévenir d'éventuelles complications durant la mise en œuvre des solutions envisagées. Toutes les démarches œuvrent à l'établissement de dispositifs gouvernementaux inclusifs, aptes à créer un climat de confiance entre les citoyens et les Institutions, en alertant et en sensibilisant ces dernières sur d'éventuels risques de clivage.

5. L'intérêt de la médiation politique transformative

Sans l'avoir choisi, l'individu négro-africain fut confronté au fait de devoir vivre sous le regard des autres, puis d'espérer gagner l'estime de lui-même à proportion de celle que lui témoigneraient les autres, en rapport au statut social qu'il acquerrait. Cela suppose qu'il a besoin de sauver son apparence lors d'échanges à caractère contradictoire dans ses rapports avec les autorités qui très souvent conduisent au désavantage des populations en créant des ruptures.

Il s'agit de part et d'autre de prendre en compte dans les relations, l'influence des traditions. Il faudrait en l'occurrence se souvenir que la tri-relationnalité du Négro-Africain déterminait sa nature paisible, solidaire et respectueuse des autres. Aucun individu n'était au-dessus de l'autre.

La culture moderne de l'individualité et de la collectivité produit au contraire des relations défavorables qui amènent l'individu à perdre la face, d'autant plus que par la faute des dirigeants il est entre autres empêché d'affirmer son appartenance à une identité sociale pour orienter la façon dont il est perçu dans la société.

Comme tout être humain, le Négro-Africain a un égo démesuré, qui l'interdit de gindre, quelles que soient ses difficultés. En effet, compte tenu du respect et la confiance qu'on se porte les uns aux autres dans tous les domaines de la vie, la notion d'honneur est capitale dans toutes les cultures. L'honneur s'apparente à la réputation et à l'image qu'on peut avoir dans un groupe ou dans la société. Il incite à « ne pas perdre la face », mais aussi à « ne pas faire perdre la face » à une autre personne, ce qui est une manière indirecte de perdre la face soi-même en portant la responsabilité de la gêne et du préjudice causés.

Dans les territoires subsahariens, les attitudes des dirigeants les conduisent à perdre doublement la face, en ce sens qu'ils la font perdre aussi aux populations en les empêchant de satisfaire leurs besoins essentiels.

Ayant perdu la face, les populations particulièrement frappées par des traumatismes tels que des deuils ou les souffrances pour cause de conflits expriment souvent des besoins de reconnaissance et de réparation de la part des responsables. Du fait qu'elle favorise la compréhension réciproque et la reconnaissance mutuelle, la médiation se présenterait alors comme un moyen de satisfaire aux deux critères.

Pour réduire les facteurs à l'origine des tensions dans les territoires subsahariens, plusieurs défis sont à relever. Le choix du modèle transformatif pour la médiation politique est motivé par l'histoire commune des protagonistes appelés à partager un avenir commun.

Le besoin d'un maintien de liens entre les populations et leurs Institutions et la nécessité d'établir un dialogue continu, tel que fut le cas historiquement justifient de la prise en compte stratégique des réactions aux conflits, indispensable pour la mise en place d'une relation de collaboration et d'entraide entre les parties afin d'assurer la paix sociale.

Pour faire face aux enjeux de paix, l'intégration, la considération de toutes les couches de la population et la mise en place d'un environnement favorable sont déterminantes. La médiation politique transformative préconise un changement social fondé sur des pratiques de construction par le bas, en réhabilitant les liens inter-groupaux et en dépoussiérant les interactions entre les populations et les services publics.

Dénué de tout pouvoir d'injonction, le médiateur politique transformatif a pour rôle d'impulser une unité narrative entre les parties dans l'optique d'amener les personnes en conflit à rétablir par elles-mêmes des relations pacifiques, en apprenant à résoudre leurs différends. Dans le cadre d'un respect mutuel, en rétablissant la communication et une collaboration pacifique, il veille à la conciliation des prétentions opposées et à l'apaisement des ressentiments enracinés entre les individus.

La médiation politique transformative est un *solving problem* qui replace le conflit dans son contexte dynamique. Elle cherche toutes les opportunités de transformation des relations humaines avec les structures sociales en réintégrant les relations anciennes qui ont intérêt à être protégées pour une paix positive.

La paix positive élimine les dispositifs d'oppression politique et sociale au profit d'une justice de construction de relations équitables dans des structures sociales respectueuses des droits humains. La médiation politique transformative permet aux populations de concevoir des indicateurs alternatifs à ceux que les leaders imposent, en déterminant et en évaluant collectivement et en permanence des politiques publiques raisonnées.

La nécessité d'auto-évaluation s'impose à la mission du médiateur politique qui, loin d'être tenu par les résultats, demeure un responsable moral respectueux de sa déontologie professionnelle basée sur l'indépendance, la confidentialité, l'impartialité et la neutralité.

Cependant, de part sa posture, certaines dérives sont possibles, car le médiateur pourrait orienter les solutions selon ses souhaits ou sa vision du monde.

Sa liberté de conduite des processus pourrait être interprétée comme une menace par des gouvernants qui n'hésitent pas à créer des distorsions au sein des Institutions pour limiter la mise en place de tels dispositifs. Néanmoins, la médiation politique transformative peut venir en complément des initiatives de la Commission des Bons Offices, en ajoutant aux démarches élitistes des approches humanistes plus humbles.

La médiation politique n'est pas non plus à l'abri de manipulations par des forces sournoises qui visent l'aggravation officieuse des conflits et qui empêchent les États et les populations d'envisager des démarches de médiation. L'intérêt de la mise en œuvre de ces pratiques mafieuses pourrait participer à la préservation d'intérêts géostratégiques ou économiques liés à la vente d'armes et au matériel de guerre.

Comme la palabre, la médiation politique transformative conduit indéniablement vers les vertus de la plus élémentaire sociabilité, qui est basée sur le respect de l'autre pour la recherche d'une paix durable.

III-   La préservation de la paix

En principe, la préservation de la paix devrait faire suite à la résolution du conflit pour stabiliser la situation postconflictuelle et rendre productives les négociations qui ont obtenu l'apaisement des populations. Il est indispensable de maintenir dans le travail de reconstruction les liens mis en œuvre à travers la médiation politique transformative. La poursuite d'une collaboration entre d'anciens ennemis doit inciter à faire des populations les actrices principales de la reconstruction collective de la paix. Chaque acteur social joue un rôle spécifique dans les actions complémentaires qui scellent le rapprochement des populations, toutes strates confondues. Cette initiative stabilise les fondements retrouvés du lien social pour vivre ensemble dans la bonne entente.

En cas de conflit avéré dans un territoire, on constate cependant qu'une police internationale de maintien de la paix est mobilisée sur le terrain sous l'égide onusienne. L'objectif n'est pas de combattre les populations en confrontation, mais de les dissuader de reprendre les hostilités. Grâce à cette implication policière, on peut noter que les conflits transfrontaliers et frontaliers sont en nette régression, bien que les heurts ne soient pas toujours visibles. Davantage considérée comme des « *state builders* » que des « *problem solver* », la police internationale n'empêche en rien les belligérants de continuer à entretenir leur colère ou leur haine. Le conflit reste silencieux, il n'est pas toujours besoin de confrontation publique pour se déchirer mutuellement.

Bien que ces opérations de maintien de la paix permettent de rassurer les populations et de reconstruire les territoires postaffrontements sans pillages, ni dégradations des infrastructures , cette démarche qui rappelle l'autorité et le pouvoir décrié par les populations tend à être considérée comme une manière coercitive d'imposer la paix.

Une paix imposée ne saurait effacer les rancœurs ou les haines, encore moins les ressentiments résurgents en tout individu impliqué dans un conflit, car aucune résolution n'est jamais systématiquement effective. Par ailleurs, des lobbies intéressés au business de la guerre veillent toujours à les entretenir en attisant leur reprise par des renversements d'alliance.

La volonté de sécuriser et de maintenir un territoire pacifié avec une réponse militaire issue des États ou des groupes engagés dans les différends ne permet pas d'éviter la chronicité fréquente et latente des conflits qui gangrènent les territoires négro-africains.

On constate malheureusement que la période qui succède aux « accords de paix » est souvent si courte que de nouveaux conflits surgissent avant que les objectifs de négociation de paix auparavant envisagés n'aient pu être effectivement mis en œuvre. Pourtant, à travers les actions de réalisation des objectifs négociés qui favorisent l'épanouissement des individus, la reconstruction postconflit par la médiation aboutit à un dépassement plus efficace des animosités, car toute initiative qui vise d'abord à rebâtir favorise l'installation d'une paix durable.

La transition entre la période conflictuelle et la reconstruction requiert un soutien économique global, par des micro-crédits de redémarrage, des dispositifs et des plans internationaux qui pourraient servir de béquille de redressement pour mettre en œuvre des objectifs fixés lors des négociations. On agit sur l'autonomisation des populations qui permettrait de les sortir de la grande pauvreté. À travers des stratégies d'accompagnement pour l'élaboration et la cogestion des projets sectoriels, l'autonomisation donnerait le pouvoir et la capacité de décision aux populations.

Cette démarche de maintien de la paix par le développement humain donnerait aux populations subsahariennes les possibilités de libérer leur génie créateur pour parvenir à leur autonomie réelle, seul gage de paix durable.

IV-   Enjeux d'une collaboration pour la gestion des conflits

La préconisation d'un règlement pacifique des conflits est récente. Elle a émergé vers la fin du 19ᵉ siècle avec la Convention de La Haye qui incitait les États à ne pas recourir à la force pour régler leurs différends. La recherche de la paix doit cependant être basée sur des processus endogènes impliquant toutes les strates de la population.

En 1945, l'interdiction de l'usage de la force sous toutes ses formes a été stipulée dans la Charte des Nations Unies qui exhorte à « développer entre les nations des relations amicales fondées sur le respect du principe de l'égalité des droits des peuples et de leur droit à disposer d'eux-mêmes et de prendre en compte toutes autres mesures propres à consolider la paix dans le monde » [120].

Loin de toute forme d'ingérence, diverses mesures globales mettent en place des cadres règlementaires et internationaux pour renforcer les

---

[120] Charte des Nations Unies , article 2

capacités nationales dans la gestion des fléaux qui menacent l'humanité, à l'instar de celles qui concernent le terrorisme. Certains conflits peuvent être traités sur le plan mondial par la collaboration entre les pays occidentaux, les organisations internationales et les États africains.

Il en va de l'intérêt global de préparer et d'inciter les populations à prendre en main la construction de la société, de la servir et d'y vivre dans la complémentarité. La culture de la paix constitue un ensemble de valeurs, d'attitudes et de modes de comportement qui rejettent la violence et préviennent les conflits en s'attaquant à leurs causes profondes.

La coopération ne signifie pas imposer un mode de développement à l'Afrique subsaharienne, car on constate que la plupart des plans de coopération proposés par les organisations internationales sont basés sur un développement à l'Occidental. Ce développement de type libéral qui fonctionne peut-être au sein de l'Occident des droits de l'homme et des modèles individualistes a du mal à s'adapter aux mentalités négro-africaines communautaristes, où loin de déconsidérer l'existence les droits inhérents à la dignité humaine, l'identité individuelle se construisent à travers des symboles d'appartenance. L'individu négro-africain est façonné et imprégné par sa culture dont l'animisme tend à résister aux systèmes de modernisation mis en œuvre jusqu'ici à travers le monde. Cette composante de l'habitus traditionnel relève désormais de la préservation écologique et du développement durable, devenus une évidence sociétale.

Au lieu de reconnaitre et de développer certains savoir-faire et savoir-être endogènes pour en faire des outils et des stratégies de développement pacifique, la société mondialisée est marquée par la brièveté, la nouveauté et la diversité alors que les processus d'évolution sociale sont rarement linéaires et consentent des retours en arrière sur mesure.

L'évolution de la société moderne conduit à la perte de repères identitaires importants et constitutifs de l'humain. Le Négro-Africain n'est pas un Européen pauvre à la peau noire. Aucun individu ne saurait s'épanouir dans une culture étrangère en reniant sa propre identité. La plupart des Négro-Africains ont du mal à s'adapter à la culture occidentale qui les empêche de se reconnaitre eux-mêmes.

L'enjeu du règlement pacifique des conflits et la pacification sociale imposent de prendre racine dans les stratégies traditionnelles et dans certaines valeurs négro-africaines au sein desquelles les règles collectives seraient fixées par un droit permettant aux individus de se retrouver.

Le social l'emportant désormais sur le communautaire, le dialogue des identités supposerait la mise en place par les Institutions de normes et de valeurs fixées par des règles de droit collectif aptes à offrir à l'individu des repères universels qui dépasseraient les réflexes identitaires.

Conclusion

À quoi servirait-il de laisser la misère se cristalliser, de laisser les individus se haïr, se violenter et s'entretuer sans réagir? Que gagnent les élites internationales en laissant pourrir les situations subsahariennes par leurs mutismes? Lorsqu'on s'intéresse aux coûts relatifs aux diverses logistiques de guerre, on ne peut que se demander pourquoi ces finances ne sont-elles pas allouées en temps de paix pour créer plus d'emplois stables? Pourquoi ne peut-on pas utiliser les fonds de guerre pour éradiquer la misère et préserver la paix?

« La société subsaharienne est malade »[121]. C'est le cas de la plupart des sociétés ex-colonisées actuelles dont les situations conflictuelles relèvent de problèmes si épineux et si complexes qu'ils se superposent à différents degrés.

---

[121] William Julius Wilson [1987], trad. franç. Les oubliés de l'Amérique, Desclée de Brouwer, 1994, chap. V, p. 191-217.

Depuis l'ouverture aux échanges globalisés qui ont contribué à déstabiliser certains marqueurs essentiels de la société, en modifiant notamment la manière dont les individus perçoivent désormais certaines valeurs, l'Afrique subsaharienne a perdu le contrôle de son histoire.

La globalisation de la plupart des phénomènes sociaux et de l'économie a pris le pas sur les valeurs humaines. C'est le cas au sein des territoires subsahariens où l'on assiste à une régression des valeurs intrinsèques de fraternité et de solidarité.

À travers diverses conventions, l'Organisation des Nations Unies envisage une construction de la société qui se veut fraternelle, en vue d'une appartenance planétaire au sein d'espaces de plus en plus vastes, pour une humanité dont les véritables socles sont la solidarité et la fraternité.

Pour ce processus d'évolution mondiale, il s'agit de jeter les bases d'une organisation sociale favorable à la réalisation de certaines finalités humaines comme l'accroissement de la justice et du bien-être, basés sur la reconnaissance du partage d'une même dignité humaine, d'une commune condition de vie des populations dans le monde et de l'obligation partagée de leur respect[122]. Cette description des objectifs de la mondialisation fait notamment appel

---

[122] Michel Freitag « L'avenir de la société: globalisation ou mondialisation?» URL: http: //journal.openedition.org/sociologies/ 3379

aux choix politiques et économiques dont les conséquences sociales et environnementales impactent les individus aussi bien sur le plan national que mondial, tandis que les « pauvretés économiques, sociales et culturelles s'accroissent dans le monde ».

L'ouverture au monde met en exergue et fait croitre l'interdépendance entre les individus et les États. Elle serait à l'origine d'un malaise social exacerbé par la perte de la dignité individuelle qui entretient des sentiments d'injustice envers des choix politiques illégitimes.

La solidarité globale consisterait à prendre en compte la réalité des inégalités, à comprendre ses causes pour envisager de les combattre.

Tandis que les politiques publiques mises en œuvre accordent moins d'importance aux enjeux de redistribution économique, on a l'impression que les politiques sociales sont de plus en plus centrées sur des revendications concernant la reconnaissance d'orientations culturelles : le genre, le transgenre et bien d'autres causes, toutes aussi importantes, les unes que les autres ont plus tendance à distraire et à détourner l'attention portée sur les autres revendications, aussi bien déterminante des réalités actuelles.

Aristote pensait qu'on ne saurait dissocier la possibilité d'exercer ses droits, du respect des principes de justice. Il soulignait que « justice et injustice politique dépendent de la loi et n'existent que pour ceux qui vivent naturellement sous l'emprise de la loi, à savoir ceux à qui appartient une part égale dans le droit de gouverner et d'être gouvernés »[123].

Ces propos laissent entendre qu'il y aurait encore fort à faire en matière de citoyenneté pour les Africains souvent exposés à des disparités illégitimes, pour qui les sentiments d'injustice se fondent entre autres sur le manque de reconnaissance citoyenne, aussi bien dans le cadre des rapports organisationnels et institutionnels que dans la vie sociale et politique.

Aristote évoquait aussi le principe d'égalité entre citoyens, mais malheureusement l'égalité des parts n'existe que lorsque les individus qui y aspirent sont égaux. Les populations subsahariennes croulent sous la misère, alors que leurs dirigeants et leurs proches vivent dans l'opulence. Les richesses ne sont en rien partagées.

Face à ces inégalités, le mouvement de convergence vers une humanité unifiée accroit d'autant le besoin de reconnaissance indispensable à la réalisation de soi pour pouvoir s'intégrer dans une appartenance universelle équitable.

Le « manque ou l'absence de reconnaissance et les inégalités en matière de reconnaissance morale et

---

[123] Aristote, *Éthique à Nicomaque,* Librairie philosophique J. Vrin, trad. franç. J. Tricot, p. 216.

matérielle tendent à être considérés comme un déni, une injustice, mais au-delà, comme la privation d'un droit fondamental »[124].

La responsabilité des difficultés d'accommodation des individus à certains critères d'évolution sociale incombe autant aux Institutions internationales régulatrices des dispositifs sociétaux qu'aux gouvernements territoriaux et nationaux garants des modes de régulation et de coordination des communautés qui s'assurent que les objectifs visés permettent à l'individu moderne de mieux revendiquer sa part d'autonomie et éventuellement une certaine liberté d'action.

Cependant, les conditions imposées par la plupart des dispositifs ne permettent pas d'augmenter uniformément les capacités de développement des régions pauvres. Les accords de Copenhague visent néanmoins à combattre les effets néfastes du changement climatique et leurs impacts, tout en favorisant des systèmes de financement pour soutenir les pays vulnérables, particulièrement ceux de l'Afrique subsaharienne. Ces mêmes dispositifs promeuvent des systèmes de gouvernance inclusifs et transparents, aptes à faire bon usage des aides accordées pour mieux répondre aux besoins essentiels des populations.

---

[124] Claudine Haroche, « Les exigences de la reconnaissance dans les sociétés démocratiques », in Eugène Enriquez, *Le goût de l'altérité*, Desclée de Brouwer, 1999.

Au sein des territoires « pauvres », on constate cependant que la plupart des Institutions gouvernementales sont structurées autour de l'idée de représentativité et d'affinités politiques qui s'approuvent mutuellement, sans la moindre possibilité de contradiction. Les populations sont livrées à elles-mêmes, poussant l'individu à considérer la société comme un symbole qui lui fait obstacle et empêche son développement et sa réalisation personnelle.

La civilisation unique qui prétend conduire à un univers où tout individu serait capable d'y vivre seul, par lui-même et pour lui-même, semble confronter celui-ci à divers paradoxes perturbants. Il fait à la fois face à l'engouement pour les cultures occidentales et à des manifestations populistes de nationalismes exclusifs en augmentation. Ces situations aberrantes mettent en évidence des dichotomies qui fragilisent le lien social et rendent la mondialisation illusoire.

Le mimétisme technocratique prôné par la mondialisation consiste à faire croire que tous les peuples du monde ont les mêmes besoins et les mêmes attentes de prospérité. Pourtant, aucun individu ne peut se développer et s'épanouir dans la culture d'un autre, en faisant table rase de son histoire. William Eteki Mbumua, alors Secrétaire Général de l'Organisation de l'Unité Africaine, attestait que le respect de la culture implique à coup sûr « la valorisation de la personnalité culturelle pour que la société en voie de modernisation n'éprouve pas de déséquilibres traumatisants par des emprunts ou par la greffe de modèles culturels dominateurs et aliénateurs »[125] .

La perte de valeurs fondamentales de leur culture et de leur civilisation sous couvert d'intégration à la civilisation universelle incite les Négro-Africains à se poser la question des risques pour ces personnes de devenir des citoyens universels démotivés, ayant perdu toute notion de valorisation culturelle, sans écarter la menace éventuelle qu'ils transmettent inconsciemment ce désintérêt à leur descendance.

On ne saurait forcer les peuples à changer ou à abandonner leur identité pour se mêler à la société sans un processus d'acceptation progressive et cohérente qui permette à chacun de poursuivre sa construction identitaire. Si l'on prive l'individu de la jouissance des valeurs à laquelle il aspire pour la construction de son être, sans contreparties fondamentales pour valoriser son statut, il sera difficile d'amener celui-ci à respecter d'autres valeurs; c'est une attitude qui renvoie à la relation naturelle du donner et du recevoir. Le mouvement de convergence mondiale menace de développer au contraire des résurgences d'individualisme et un renforcement du besoin d'affirmation de soi.

---

[125] Mbumua W. E., « Démocratiser la culture », Yaoundé, Clé, 1974, p. 20

La transition identitaire désespérante qui touche particulièrement les populations subsahariennes remet en cause la société toute entière et interpelle toutes les consciences pour un branlebas de combat. Il s'agit de transformer prioritairement la « malédiction des matières» qui confine durablement la production des pays pauvres sous des systèmes douaniers appauvrissant, en « bénédiction des matières ». Les organisations financières internationales doivent faire usage de différenciations pour conditionner le Marché en rapport aux niveaux de classification des richesses ou de pauvreté des territoires.

Pour y parvenir, Albert Zeufack, économiste en chef de la Banque mondiale pour l'Afrique, propose que « pour accélérer et soutenir une dynamique de croissance inclusive, les responsables politiques doivent continuer de donner la priorité aux investissements qui privilégient le capital humain, limitent les risques de mauvaise allocation des ressources de l'État et stimulent la productivité »[126]. Il explique aussi que les responsables politiques « doivent se donner les moyens de gérer les nouveaux risques découlant de la modification de la composition des flux de capitaux et de la dette »[127]. Pour ce faire, les

---

[126] Albert Zeufack, Investissement privé et ajustement en Afrique subsaharienne, l'Harmathan, 2015

[127] Ibid, op cit.

mécanismes de l'évolution mondiale devront adjoindre le réaménagement des structures normatives culturelles et politiques qui régissent de manière réflexive la vie collective au niveau mondial, car l'humanité aspire à une société d'individus qui vivraient ensemble en acceptant et en respectant toutes les diversités civilisationnelles, culturelles et raciales.

Les organisations internationales censées réguler les dispositifs d'évolution pour construire cette société solidaire semblent bien laxistes quant à leur mise en œuvre et leur suivi. Sous-tendues par l'individualisation, les conditions indispensables à une appartenance universelle sont visiblement inéquitables et ne favorisent pas une redéfinition sociale juste qui situerait tout individu dans la société.

La difficulté de convergence vers cette appartenance globale risque de conduire au repli systématique sur une appartenance inconditionnelle qui serait le cocon naturel et la seule valeur pouvant garantir à l'individu une signification émotionnelle et évolutive.

Le sentiment de mal-être au sein de la culture de l'autre est déjà effectif dans certains territoires, par exemple chez les migrants économiques qui, en dépit d'un bien-être matériel plus ou moins trouvé dans les pays d'accueil, demeurent quand même en quête de leur socle d'affection identitaire originel.

La société que nous souhaitons durable passera par un humanisme effectif, bien que subjectif, dont certains points objectifs méritent d'être évoqués et pris en compte pour éradiquer partout la pauvreté.

Nelson Mandela estimait que vaincre la pauvreté était un acte de justice, tel qu'on a pu le voir avec l'esclavage ou l'Apartheid, car tout comme ces deux fléaux, la pauvreté n'est pas naturelle. Elle est le fait de l'homme qui la crée dans ses Institutions, ses lois et ses traités : « les hommes créent et tolèrent la pauvreté et ce sont les hommes qui la vaincront… vaincre la pauvreté n'est pas un acte charitable »[128] .

L'Organisation des Nations Unies pour le Développement a fait de l'éradication de la pauvreté un principe fondamental. Elle préconise entre autres pour y parvenir de semer des graines d'équité, notamment en Afrique subsaharienne dont l'arbre est censé produire des fruits déterminants pour le développement de la région, en envisageant particulièrement :

> ➢ Une redistribution équitable des ressources en passant par l'amélioration de la collecte et de la gestion des données, étant donné que certains citoyens ne sont pas répertoriés à l'état civil de leurs territoires au sein desquels ils demeurent inconnus.

---

[128] Nelson MANDELA

> Une rupture des pratiques associées à la malédiction des ressources, par l'extirpation de la corruption et de ses corolaires, notamment tous les noyautages claniques et infects qui freinent les rapports entre gouvernants et gouvernés à tous les niveaux.

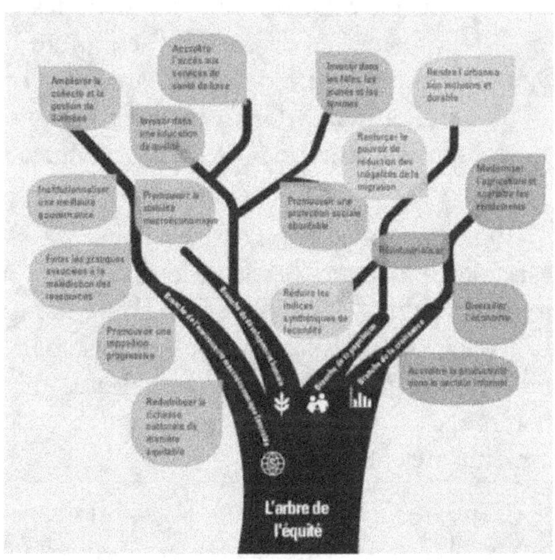

> Des systèmes de contrôle de l'évolution sociale conditionnés par des dispositifs de valorisation de l'humain pour une meilleure acceptation des droits de l'autre, en

---

[129] PNUD (Programme des Nations Unies pour le développement). 2012. Africa Human Development Report 2012: Towards a Food Secure Future. New York, PNUD, Bureau régional pour l'Afrique

favorisant des investissements pour une éducation de qualité, particulièrement pour les jeunes et pour les femmes, et en développant l'accès aux services de santé en promouvant une protection sociale abordable.

➢ Accroitre la productivité dans les secteurs informels et diversifier l'économie à travers l'industrialisation et l'urbanisation inclusive et durable des territoires, ainsi qu'une modernisation de l'agriculture pour accroître ses rendements.

Quel que soit le point d'où on l'observe, la société est une sphère en perpétuelle mutation. Avec la mondialisation, elle évolue vers une époque où les États devront constituer une unité sociale pour faire face de manière collective aux fléaux mondiaux, comme c'est déjà le cas pour la lutte contre les extrémismes religieux.

Cette manière d'apporter des solutions globales à des problèmes territoriaux pose la question de la nécessité d'une représentativité globale au sein d'une démocratie planétaire qui impliquerait une large mobilisation.

L'enjeu de la globalisation inclusive et représentative de toutes les couches territoriales réside dans la capacité d'une telle structure à intégrer une multiplicité d'acteurs venant d'horizons différents qui agiraient ensemble avec des objectifs communs en tenant compte des configurations locales pour garantir la coexistence pacifique.

Étant donné que la mondialisation définit l'humanité comme l'unité suprême, elle devrait pouvoir gérer la diversité et la complémentarité des ressources naturelles en tant que bien commun et propriété collective mondiale.

Un dialogue entre les acteurs venus d'horizons différents apporterait une valeur ajoutée en termes de confiance et de cohésion tout en créant des espaces où les hommes et les femmes se mettraient ensemble pour discuter et trouver des points de convergence satisfaisants pour tout le monde.

Les processus de régulation de l'évolution mondiale ne sauraient continuer à s'exercer de façon verticale et unilatérale depuis un échelon décisionnel unique et occidental. Pour fonder une écoute réciproque en vue de construire des politiques publiques partagées et acceptées par tous, il faudrait penser à une connexion entre les populations et les Institutions.

La structure globale serait une sphère publique internationale qui rassemblerait l'ensemble des Institutions et des fonctions consacrées à la protection des intérêts généraux, tels que la paix et la sécurité des droits fondamentaux. Ces mécanismes de représentativité globale laisseraient aux États les moyens de gérer leurs propres problèmes de la manière la plus appropriée pour eux. Pour cela, les dispositifs globaux de régulation des processus d'évolution sociale devraient permettre la mise en œuvre et le suivi de politiques publiques et économiques territoriales pour extraire certaines régions de leur situation de pauvreté en développant les espaces de partage et la promotion de valeurs convergentes.

Bien qu'une redistribution économique soit indispensable pour susciter le dynamisme et l'innovation des populations, la survie de la société dépendra de l'enracinement dans la vie publique, de l'équilibre entre l'égalité et la liberté. Pour ce faire, les dispositifs sociaux conduisant à la globalisation devront favoriser la stabilisation psychique des individus, en vue d'une émergence cohérente de l'identité universelle.

Pour le suivi de l'évolution des dispositifs, l'institution d'un conseil de gouvernance périodique au sein des États ne serait pas négligeable. Il permettrait d'écouter les éventuels ressentiments des populations et donnerait aux individus la possibilité de s'épanouir dans leur culture propre et d'en extraire des bribes de convergence qu'ils apporteraient fièrement à l'édifice mondial. Les individus qui ont une identité positive et une bonne conscience d'eux-mêmes deviennent des personnes confiantes, car satisfaites de ce qu'elles ont et de ce qu'elles peuvent faire pour contribuer à leur bien-être, à celui de leur communauté et de la société toute entière.

Postface

PDG Michel P. Jazzar

Représentant du Rotary International auprès de la CESAO
Commission Economique et Sociale de l'Asie Ouest de l'ONU

«Ensemble, nous voyons un monde où les gens se rassemblent et passent à l'action pour apporter un changement durable – dans le monde, dans leur communauté et en eux-mêmes.» -

La vision du Rotary International.

L'Afrique a toujours suscité en moi une grande émotion et beaucoup d'enthousiasme! Et pour cause : C'est là que j'ai vu le jour. Au Nigeria plus précisément. Qui plus est, l'importance accordée à la famille, l'hospitalité, la diversité rapprochent ce continent des valeurs rotariennes auxquelles je crois très fort.

« C'est l'humanisme africain qui reste la seule et unique chance pour le monde entier devant la déshumanisation qui menace l'homme moderne. Cette valeur humaniste de la culture africaine est recherchée par d'autres peuples aveuglés par l'individualisme et le matérialisme aliénant qui réduit désespérément tout être humain en Sisyphe (labeur stérile). Cependant, la perte de cette valeur en Afrique laisse place aux guerres fratricides déplorables.»

Charlotte CARON TCHEGANG nous a décrit l'état actuel de l'Afrique dans son livre qui est un appel à la prise de conscience, au changement positif grâce aux valeurs et une invitation à faire du bien et à être à l'écoute des autres.

L'auteure nous invite donc à agir ensemble, en mettant volontairement de côté nos différences et en transcendant notre individualisme afin d'agir pour le bien de la communauté.

La tolérance, le respect de soi-même et de l'autre, la justice, le droit, la vérité, l'équité, l'égalité, la liberté, la fraternité... sont autant de pas nous menant à la paix. Or le Rotary prône les valeurs susmentionnées. C'est pourquoi il s'est vu gratifier depuis 1993 du « statut consultatif général » au sein du Conseil Economique et Social-ECOSOC, l'un des organes principaux de l'Organisation des Nations Unies-ONU.

L'alignement des axes stratégiques ou causes de notre organisation sur les Objectifs du Millénaire pour le Développement-OMD (2000-2015), puis sur celles des Objectifs du Développement Durable-ODD (2015-2030) fut comme l'écrit si bien Charlotte CARON TCHEGANG, auteure franco-camerounaise et rotarienne de surcroit, « une concrétisation du partenariat entre le Public, représentée par les Gouvernements et autres institutions (et organisations internationales, comme les Nations Unies) d'une part, et, la société civile d'où sont issues les organisations internationales d'autre part.(2)

Je fus, en 2013, en tant que représentant du Rotary International auprès de la CESAO/ESCWA, l'instigateur d'un important projet conjointement mené par les Nations Unies et par le Rotary.

Le projet profite énormément aux enseignants et étudiants des niveaux secondaires et universitaires et favorise la coopération entre la CESAO, les clubs Rotary au Liban, le ministère libanais de l'Éducation et de l'Enseignement supérieur et l'Institut des sciences sociales de l'Université libanaise. Il s'agit du rapport 2011 [avec une projection sur 2013-2015] sur les objectifs du millénaire pour le développement (OMD) dans le monde arabe, qui a été lancé à la Maison des Nations Unies a Beyrouth en présence de délégués diplomatiques arabes et étrangers, de personnalités de l'éducation et de membres du Rotary.

Le projet vise à fournir aux instructeurs en sciences sociales, en économie et en développement de l'université libanaise ainsi que dans d'autres universités et écoles secondaires un matériel d'étude scientifique sur les OMD et le programme de développement mondial au-delà de l'année 2015. La production et la commercialisation du rapport ont été financées par les clubs Rotary du Liban mettant en œuvre des projets destinés à faire face aux défis actuels tels que l'analphabétisme, la faim, la pauvreté, les maladies, le manque d'eau salubre et la pollution de l'environnement. (3)

Mais c'est quoi le Rotary ? Le Rotary est une organisation qui a pour vocation de promouvoir la paix « positive » solidement bâtie sur des valeurs et par là elle pousse ses membres (les Rotary Clubs et aussi, plus récemment, les Rotaract Clubs 18 à 30 ans) à s'engager avec passion dans des projets-à-la-demande répondant aux besoins les plus urgents de la communauté.

Les principes directeurs du Rotary ont évolué au fil des ans pour aboutir à un objectif et une vision partagés par plus de 1.200.000 membres ayant pour stimuler les relations à établir et les actions durables à entreprendre. Ils englobent aussi et surtout le but du Rotary qui est celui de cultiver l'idéal de servir autrui, le Critère des quatre questions (guide de comportement et de réflexion) et les cinq domaines d'action piliers de la philosophie rotarienne.

Ces principes reflètent les valeurs fondamentales qui doivent nous guider dans nos actions, et sont au nombre de cinq :

Le Service ou l'Action

La Camaraderie ou l'Amitié

La Diversité ou l'Autre

L'Intégrité ou l'Ethique

Le Leadership ou la Direction

Or ce sont justement ces mêmes valeurs qui sont à la base du projet que j'ai adopté, en tant que Gouverneur du District 2452 pour l'année 2018-2019   « **Education Civique** (valeurs du Rotary) **pour la Construction de la Paix** (positive) » qui vise à imprégner les élèves de 11 à 14 des valeurs rotariennes et à les inciter à les partager avec leur famille, leurs camarades de classe et la société dans laquelle ils évoluent.

Mon objectif étant de promouvoir, par le biais du projet cité plus haut, auprès des jeunes, la construction d'une paix « positive », celle qui décrit « les attitudes, les structures et les institutions qui fondent et soutiennent la paix sociétale. » Bref de rendre plus harmonieuses les relations humaines et sociétales **afin que les réflexes de paix remplacent les réflexes de violence.**

Il vise aussi à établir par la même occasion un climat de confiance intercommunautaire, favorable à la paix ressentie comme climat excitant, dynamique constante, épanouissement respectueux de soi et d'autrui.

J'ai pu concrétiser cette vision grâce à la coopération et à l'aide précieuse fournie par une équipe de préparation, d'adaptation et de formation formée de Rotariennes et de Rotariens dévoués et experts en la matière.

Intitulé **« Education Civique pour la Construction de la Paix »,** mon projet aide les jeunes âgés de 11 à 14 ans à mieux connaître les valeurs permettant de vivre ensemble en paix dans la société et de développer des attitudes respectueuses et bienveillantes élèves-élèves, élèves-enseignants, élèves-communauté, élèves-familles. (4)

Le projet **« Education Civique pour la Construction de la Paix »** comporte trois parties :

    A- Accord entre l'école et le Rotary Club pour choisir la classe concernée et les défis identifiés dans cette classe au niveau du comportement, des attitudes, des compétences et des valeurs, et pour former les formateurs.

B- 4 ateliers par classe :

B1- **atelier linguistique** sur la thématique choisie afin d'habituer les élèves à s'exprimer facilement.

B2- **atelier de sensibilisation au suje**t via des jeux interactifs pour développer la communication entre les élèves.

B3- **atelier "actions" pour proposer des solutions et inventer** un jeu, une pièce de théâtre, une activité sportive ou un magazine à thème... favorisant la créativité et l'esprit d'équipe.

B4- **atelier de fabrication du jeu**, dirigé par l'enseignant de la classe avec l'aide des enseignants de l'institut français (par exemple) et sous la supervision du comité « Education civique et constructions de la Paix » du Rotary Club partenaire.

C- Le lancement du projet final consiste soit en un jeu sur les valeurs, soit en la publication d'un magazine à propos d'une valeur, soit en un atelier de peinture autour du thème défini plus tôt.

Près de 1000 élèves, donc près de 1000 familles libanaises furent en symbiose directe avec le programme, et plus de 1000 familles d'autres pays du District formé par neuf pays dont l'Arménie, le Bahreïn, Chypre, les Emirats Arabes Unis, la Géorgie, la Jordanie, le Liban, la Palestine, le Soudan en furent informées. Tous ces élèves et leurs familles sont autant de bonnes graines plantées dans la bonne terre et qui donneront les meilleurs fruits, à savoir : des attitudes de tolérance, de communication et de partage et surtout d'acceptation de l'autre quelles que soient les différences de culture, de couleur ou de religion.

Ce programme, présenté sous forme de livret, est mis à la disposition de tous les parents, des familles, des amis, des camarades de classe, des enseignants, des écoles pour leur servir d'inspiration tant sur le plan individuel que communautaire.

Les résultats obtenus au cours de l'année 2018-2019 furent très concluantes et nous ont amenés à l'adopter à partir de 2020 comme projet annuel entre les Rotary Clubs du Liban et les écoles partageant les mêmes valeurs qui pourront bénéficier d'une subvention modeste, grâce aux bénéfices engendrés par la 6e Conférence du District 2452 qui a eu lieu à Beyrouth du 1er au 4 Mai 2019.

Notre projet, par sa vision, son programme de formation des formateurs, le sérieux des indicateurs et des évaluations a non seulement capté l'attention des responsables scolaires, qui en redemandent, mais aussi celle des responsables municipaux et politiques et fut désigné, par la présidente de la commission d'éducation au parlement libanais, comme étant le Projet du moment, un besoin urgent pour sculpter l'attitude communautaire de notre jeunesse.

Chaque rotarien a la chance de travailler à l'édification d'un monde meilleur. En rejoignant plus de 1.200.000 personnes éprises d'action dans 200 pays et régions géographiques, chaque Rotarienne et Rotarien s'intègre à cette « Humanité en action » à ce « Sens de l'Autre » pour réduire les fractures sociales, la haine, l'inégalité, combattre la pauvreté, l'illettrisme, la faim et les maladies, et avoir accès à l'eau propre, à l'hygiène, à l'alimentation, au développement durable et à la bonne santé. Nous avons par ailleurs tous le droit de vivre en paix !

Mais de quelle paix parlons-nous ?

Est-ce la notion de « paix négative » **traduisant simplement l'absence de guerre ou de conflit violent,** tant entre États qu'à l'intérieur d'un même État ?

En ce qui concerne les rotariens, il s'agit du **concept** de « paix positive » **de « Johan Galtung ».** (5)

Le concept de « paix positive » figure au centre de la réflexion théorique sur la construction de la paix. Selon la littérature consacrée à la résolution des conflits, cette forme de paix repose sur quatre conditions fondamentales:

1 – La reconnaissance/acceptation mutuelle et la réconciliation ;

2 – La sécurité et le respect à l'endroit de chaque communauté et de chaque nation ;

3 – Des relations de coopération croisées, entre les nations, les communautés, et les institutions;

4 – La définition d'un processus dynamique et non-violent de résolution des conflits et des différends.

La planète Terre a donc besoin de nous tous. Toute action positive, tout dialogue, toute solidarité, toute inspiration, tout contact sont autant de morceaux d'un même puzzle formant l'image de la paix sociale.

J'ai donc choisi après tant d'années d'appartenance rotarienne et d'action dans le domaine de la paix internationale et celui du service avec les jeunes :

a- de m'engager dans le domaine de la Santé avec le programme mondial du Rotary pour éradiquer la poliomyélite causée par un entérovirus, virus en recrudescence en raison des déplacements migratoires de millions de personnes depuis quelques années. Cet engagement nous a valu la reconnaissance du Ministère de la Santé Publique au Liban du rôle de « partenaire pour la vaccination polio. »

b- de m'engager dans la voie de la paix positive, la paix sociale, par l'éducation des valeurs avec les jeunes. La paix sociale servant comme tremplin stratégique à la paix régionale puis globale.

La paix positive est donc une activité, une réalité de tous les jours prenant naissance dans la conscience individuelle et devenant une conscience collective.

Pour nous autres, Rotariennes et Rotariens ainsi que pour toutes les personnes de bonne volonté éprises d'humanisme et d'humanitaire, la paix est tout le contraire de la haine, de l'égoïsme, de l'indifférence ; le fruit de notre engagement auprès de la communauté locale, régionale et internationale doit être donc ciblé, efficace, pratique, productif et durable.

Mais dans le contexte actuel du monde où les guerres sont localisées au Moyen Orient (richesse souterraine en minéraux, gaz, gasoil, eau...), en Afrique et en Asie où la malnutrition et la pauvreté se répandent, où le fondamentalisme, un peu partout, agite les dissensions, serait-il illusoire de rechercher la paix?

Pour le gouverneur américain du District 7390 en Pennsylvanie, Père Paddy Rooney, c'est par notre conviction que « nous voulons embrasser et incarner cette compréhension de « Ensemble » sans laquelle, nous ne pourrons jamais atteindre nos objectifs, servir nos communautés ou changer le monde. » (6)

Le regretté Dom Helder Camara, évêque brésilien connu pour sa lutte contre la pauvreté et l'exclusion avait dit : « Il ne faut jamais avoir peur de l'utopie… Quand on rêve seul, ce n'est encore qu'un rêve, quand on rêve à plusieurs, c'est déjà la réalité. »

Je crois que les jeunes ont besoin de se voir faciliter l'accès aux responsabilités et aux décisions. Faisons-leur confiance. Inculquons-leur, dès leur jeune âge, les valeurs humaines de respect, de loyauté, de vérité et de solidarité. Ils seront les meilleurs agents de la paix de demain !

Dr. Michel Jazzar

Gouverneur Rotary District 2452, 2018-2019
Représentant du Rotary International auprès de la
commission régionale CESAO des Nations Unies ou ESCWA.

-----------------------------------=

(1)
https://www.memoireonline.com/01/09/1817/m_Limperialism
e-culture-occidental-et-devenir-de-la-culture-africaine-Defis-
et-perspectives6.html

 (2) « Plaidoyer de Charlotte Caron Tchegang pour la paix
durable. » Conférence du RI à l'UNESCO, le 24 mars 2018, à
la Maison de l'UNESCO, à Paris.
https://237cameroun.online/fr/international/unesco-plaidoyer-
de-charlotte-caron-tchegang-pour-la-paix-durable

Les six axes stratégiques de la Fondation Rotary du Rotary
International, sont un résumé des 17 indicateurs de l'ODB. Ce
sont les causes du Rotary :

1. Construction de la paix et prévention des conflits
2. Prévention et traitement des maladies
3. Eau, assainissement et hygiène
4. Santé de la mère et de l'enfant
5. Alphabétisation et éducation de base
6. Développement économique local

3) ESCWA-Rotary Report on Arab MDGs Launched at UN
House, 10 OCTOBER 2013.
 https://www.unescwa.org/news/escwa-rotary-report-arab-
mdgs-launched-un-house

(4) Blog du représentant du R.I auprès de la CESAO/ESCWA
http://riescwa.hautetfort.com/

(5) http://www.irenees.net/bdf_fiche-notions-186_fr.html

 (6) https://blog.rotary.org/2019/09/19/what-the-together-in-
rotarys-vision-statement-means/#more-10081

Bibliographie

- Jourdin Anne, Naulin Sidonie, « Héritage et transmission dans la sociologie de Pierre Bourdieu », Idées économiques et sociales, Vol.166, no. 4, 2011, pp.6-13.
- Le figaro.fr, jeudi 16 février 2018
- ONG Save the Children, Rapport, 16 février 201
- Le Figaro.fr
- Tzvetan Todorov, Nous et les autres. La réflexion française sur la diversité culturelle, Paris, le Seuil, 1989, p. 509
- Images.app.goo.gl/7mndwVyXRjUMBYR86
- Article Afrique subsaharienne de Wikipédia en français.
- British Petroleum, BP Statistical Review of World Energy, juin 2014.
- Georges J. Coakley, Philip M. Mobbs, "The mineral industries of Africa 1999", Us Geological Survey Yearbook, 2002,
- Kingsley Ighobor, « Ressources minières : la fin d'une malédiction ? », Afrique Renouveau, avril 2014
- Publication Policy center : ressources Naturelles
- Matières premières africaines : Quels enjeux pour l'économie mondiale et les industries de défense? Par Christophe-Alexandre Paillard
- La Banque mondiale et du WWF, publication : article paillard : Matières premières africaines et leurs enjeux
- Senghor 1964 : 9

- R. et M. Cornevin, Histoire de l'Afrique des origines à nos jours, Paris, 1964, p. 58
- « Bantous sans tabous », publication jeune Afrique, soutien Lluis Quintana-Murci, Chercheur au CNRS et Directeur de l'unité de génétique évolutive et humaine à l'Institut Pasteur
- Centre National de la Recherche Scientifique, URA 3012, 75015 Paris, France, 4 mai 2017
- « World Population Prospects : The 2017 Revision », 2017, ONU (Département de l'Economie et des affaires Sociales)
- Banque Mondiale 1984, Rapport sur le développement dans le monde 1984, Washington, p. 320
- R., M. Cornevin, Histoire de l'Afrique des origines à nos jours, Payot, Paris, 1964
- H. Baumann & D. Westermann, Les Peuples et les civilisations de l'Afrique, Paris, 1948,
- Les religions africaines comme source de valeurs de civilisation, Paris, Présence africaine, 1972, p. 426 ; Actes d'un colloque international (Cotonou, 1970)
- Emile Durkheim, Les forces élémentaires de la vie religieuses, « Introduction », 1912, p. 13.
- «Les religions africaines : tradition et modernité », dossier de Recherches africaines, nº 2, Paris, l'Harmattan, GERA, 1999, 124.
- L. S. Senghor, Œuvres Poétiques, 5ᵉ éd., le Seuil, Paris, 1990, p.390
- L.-S. Senghor, Oeuvres poétiques, Paris, le Seuil, Paris, 1990, p. 374.
- Dieterlen G., Essai sur la religion Bambara, PUF, 1951, p 88-89
- Albert Desjardins, « Traité de vol dans les principales législations de l'Antiquité, éd. A. Durand et Pedone Lauriel, 1881, p. 268
- Platon, La République, livre v, Traduction Georges Leroux, éd. Flammarion, Paris, 2002, p. 801
- J. Clammer, «La politique animiste», in Interculture, cahier n° 137, avril 2000, p. 21- 45
- «Inde : les cycles de la réincarnation», in Le Courrier de /'Unesco, mars 1998, p. 14-1

- Platon, La République, V, 473 c-d
- Boubou Hama cité par Zanga Youssouf Sanogo & Nabé – Vincent Coulibaly, « Croyances animistes et développement en Afrique subsaharienne », Horizons philosophiques, vol. 13no. 2, printemps 2013
- R. Montagne, « Le Bilan de l'œuvre européenne au-delà des mers », in Peuples d'Outre-Mer et Civilisation Occidentale, Semaines Sociales de France, 1948.
- Cheikh Anta Diop, Civilisation ou Barbarie, Présence africaine, juillet 2000, page 12
- Auteur inconnu
- Jean-Marie Adé Adiaffi, La carte d'identité, Hatier, 1980, Paris, p.6
- Léopold S. Senghor, La poésie de l'action, Conversation avec Mohamed Aziza, Paris, Stock, 1980, p. 37
- Jules Ferry (1885) : Les fondements de la politique coloniale, 28 juillet 1885
- P. Leroy-Beaulieu, De la colonisation chez les peuples modernes, 1874, 1re éd., J. Ferry, Préface à Le Tonkin et la Mère-Patrie, 1890
- R. Kennedy, « The colonial crisis and the future », in The Science of man in the World crisis, Éditions R. Linton, 1945, p. 312 à 318.
- Pierre Soumille, « L'influence des Églises chrétiennes et le rôle des missions dans l'enseignement au Congo belge et dans l'AEF de 1946 à 1960 », in C.R. Ageron, 1995, L'ère des décolonisations, Karthala, Paris.
- H. Brunschwig, La Colonisation française, Calman-Lévy, 1949.
- *Chancele, « La Question coloniale », in Critique, no 35, 1949*
- *Balandier, « Aspects de l'évolution sociale chez les Fang du Gabon », in Cah. Intern. de Soc., vol. IX, 1950, p. 82*
- R. Maunier, Sociologie Coloniale, p. 19, 30, 33
- *D'Arboussier, « Les Problèmes de la culture », in Afrique Noire, numéro spécial de Europe, mai-juin 1949.*
- R. Delavignette, « Les Problèmes du travail : Paysannerie et Prolétariat », in Peuples d'Outre-Mer et Civilisation Occidentale, p. 273 à 291.

- Centre d'Expertise sur la Réforme de l'Administration Locale, «12 principes de la Bonne Gouvernance Démocratique »,
- http : la decolonisations-de-l-afrique-noire-1957-1960
- Joubert, « Le Fait colonial et ses prolongements », in Le Monde non chrétien, 15, 1950.
- *Taylor, Hegel et la société moderne, Laval-Paris, 1998 [1979], P. 14-23*
- Voir le débat entre A. Honneth et N. Fraser [Honneth, Fraser, 2003] concernant les questions de recouvrement entre justice distributive et reconnaissance.
- Charlotte CARON TCHEGANG Médiatrice politique
- RFI, Chronique des matières premières, Diffusion : jeudi 26 octobre 2017
- Idem, op cit
- Africapoor.wordpress.com
- Banque Rapport, Communiqué de Presse, Octobre 2018
- Reuters : novembre 2017
- Idem, op cit
- Mormon Presse : Kinshasa 2017
- World Economic Forum, données dévoilées le 05 aout 2018
- Beckerman, W., 1992, "Economic Growth and the Environment: Whose Growth ? Whose Environment?" in World Development, Vol.20, Issue 4, p.481-496
- Médiapart, De la question des inégalités : Karl Marx contre Simon Kuznets
- Robert Kennedy, ….. 1968.
- Déclaration des droits de l'homme : article 26
- Déclaration des droits de l'homme : article 22
- ONUDC, Rapport mondial sur les drogues, 2016.
- Norbert Elias, La société des individus, (1ère édition en allemand, 1987), Paris, Fayard, 1991.
- Planète 360 : juin 2017
- Jeune Afrique, Dossier « Agriculture : pourquoi le chocolat est-il si peu commun chez le premier producteur mondial de cacao? », 01 avril 2018.

- R. BASTIDE, Sociologie et Psychanalyse, chap. XI : « Le Heurt des Races, des Civilisations et la Psychanalyse », Paris, P.U.F., 1950
- Carol Sansone, Carolyn C. Morf, A. T. Panter, The Sage Handbook of Methods in Social Psychology, SAGE, 2004, p. 119
- France attac.org : Migrations dans le monde, 9 février 2919, Cathérine Withol de Wenden
- Source: Portail des données migratoires mondiales
- Institut National d'Etudes Démographiques, Rapport 28 Mars 201
- Institut Nationale d'Etudes Démographiques
- Sources : Haut Commissariat des réfugiés 2017
- Déclaration des droits de l'homme : article 14
- Edmond Haraucourt, «Le rondel de l'adieu », Seul, 1891
- Sources : Haut Commissariat des réfugiés 2017
- Toute l'Europe.eu : Asile, Migration, Schengen, rapport du 19.11.
- Eurostat.
- Population & Sociétés : bulletin mensuel d'information de l'institut National d'études démographiques : les migrations d'Afrique subsaharienne en Europe
- G. Tapiros. L'économie des migrations internationales. F.N.S.P., Armand Colin 1973
- OCDE: l'Europe et les migrations de 1950 à nos jours: mutations et enjeux par Jean Pierre Garson et Anaïs Loizillon
- Equinox TV
- France 24
- Equinoxe TV
- Euronews
- The Economist - Classement de l'environnement des affaires 2014-2018
- Le soir.be
- Journal Le Monde, Par Rémi Barroux, Publié le 07 aout 2017
- UNESCO, Journée mondiale de la radio, 2017

- Jean-Pierre Guengant et John F. May, L'Afrique subsaharienne dans la démographie mondiale, Études 2011/10 (Tome 415), pages 307
- Charte africaine de la jeunesse, adoptée par la 7e session ordinaire de la conférence de Banjul, (Gambie), juillet 2006
- Wikipedia, Susan M Sawyer, Peter S Azzopardi, Dakshitha Wickremarathne et George C Patton, "The age of adolescence", The Lancet Child & Adolescent Health, janvier 2018
- Wikipedia, JJ Arnett, «Emerging adulthood. A theory of development from the late teens through the twenties", The American psychologist, vol. 55, n° 5, mai 2000
- Déclaration des droits de l'homme : article 26.2
- Organisation des Nations Unies, Charte, Article 33
- Organisation des Nations Unies, Charte, Article 2
- Charte des Nations Unies, chapitre VIII, article 52, paragraphe 3
- article n° 33, la Charte des Nations Unies
- Nelson Mandela
- 1 BAH, Thierno Mouctar, "Guerre, Pouvoir et Société dans l'Afrique précoloniale", Thèse pour le Doctorat d'État es Lettres, Université Paris-Sorbonne, 1985.
- John Paul Lederach, Preparing for peace. Conflict Transformation across Cultures, Syaracuse, NY, Syracuse University Press, 1995, P. 20
- John Paul Lederach, Building Peace: sustainable reconciliation in divided societies, Washington, D.C.: United States Institute of Peace Press, 1997, 39
- John Paul Lederach, Building Peace. Sustainable Reconciliation in divided Societies, Washington, United State Institute of Peace Press, 199 (traduit)
- Cheikh Anta Diop, « Antériorité des civilisations nègres – mythe ou vérité historique ? », Paris, Présence Africaine, p. 12.
- Jacques Faget, les Ateliers silencieux de la Démocratie, Erès, p. 190
- J.P. Folger et R.A.B. Bush, «transformative mediation and third-party intervention ten hallmarks of a transformative

352

approach to practice", Mediation Quaterly 13: 4 (1996), p. 263-278.
- Marcel Merle, Sociologie des relations internationales, Paris, Dalloz, 1974, P. 436
- Jacques Faget, «Les ateliers silencieux de la démocratie», ….
- Nouveau Code de Procédure Civile Article 131-14
- Jean Caune : Relation du sujet à autrui, 1999, p. 1
- Jay Rothman, Resolving Identity-Based Conflict in Nations, Organizations, and Communities, San Francisco, Jossey-Bass, 1997.
- Charte des Nations Unies , article 2
- William Julius Wilson [1987], trad. franç. Les oubliés de l'Amérique, Desclée de Brouwer, 1994, chap. V, p. 191-217.
- Michel Freitag « L'avenir de la société: globalisation ou mondialisation?» URL: http: //journal.openedition.org/sociologies/ 3379
- Aristote, Éthique à Nicomaque, Librairie philosophique J. Vrin, trad. franç. J. Tricot, p. 216.
- Claudine Haroche, « Les exigences de la reconnaissance dans les sociétés démocratiques », in Eugène Enriquez, Le goût de l'altérité, Desclée de Brouwer, 1999.
- Mbumua W. E., « Démocratiser la culture », Yaoundé, Clé, 1974, p. 20
- Albert Zeufack, Investissement privé et ajustement en Afrique subsaharienne, l'Harmathan, 2015
- Nelson MANDELA
- PNUD (Programme des Nations Unies pour le développement). 2012. Africa Human Development Report 2012: Towards a Food Secure Future. New York, PNUD, Bureau régional pour l'Afrique